2024年度版

金融業務 **2** 級

ポートフォリオ・
コンサルティング
コース

試験問題集

一般社団法人 金融財政事情研究会

◇本試験および本書についての注意事項◇

- 本試験で出題する計算問題では、試験画面左下の「電卓」ボタンを押下するとWindows搭載の関数電卓を使用することができます。
- Windows電卓の「標準電卓」と「関数電卓」の切替は、受験者自身で行ってください。
- テストセンターで受験する際に使用するコンピュータのOSは、すべてWindows 8.1以上です。
- 試験画面で表示される関数電卓には「$\sqrt{}$」「$\sqrt[y]{x}$」「x^2」「x^y」等の機能があり、試験で出題される計算問題で使用することができます。
- 「$\sqrt[y]{x}$」や「x^y」等の関数電卓での計算方法は、次のとおりです。

  例①：$\sqrt[3]{8}$（＝2）を計算する場合

  「8」→「$\sqrt[y]{x}$」→「3」→「＝」、または「8」→「$\sqrt[3]{x}$」と押下すると、8の3乗根である2が求められます。

  例②：2^3（＝8）を計算する場合

  「2」→「x^y」→「3」→「＝」、または「2」→「x^3」と押下すると、2の3乗である8が求められます。

- Windows 10に搭載の関数電卓は、「$\sqrt[y]{x}$」や「x^y」等の計算機能の表示が隠れていることがありますが、電卓上の「↑」または「2nd」を押下することで表示を切り替えることができます。
- 問題文等に使用されている「▲」の表記は、その数値がマイナス値であることを示しています。
- 試験時間中、計算用紙が不足した場合は、試験監督官に申し出てください。追加の計算用紙を配布します。
- 問題文中の個人顧客はすべて「一般投資家」であり、金融商品取引法上の「特定投資家」ではないものとします。
- 本書の「解説と解答」において、リターンやリスク等の割合を求める計算過程では、％表示にするための「×100」の表記を省略しております。

◇はじめに◇

　本書は、金融業務能力検定「金融業務2級　ポートフォリオ・コンサルティングコース」受験者の学習の利便を図るためにまとめた試験問題集です。

　「貯蓄から投資へ」あるいは「貯蓄から資産形成へ」と謳われて久しいですが、日本の家計部門の金融資産構成は依然として「現預金」の比率が高く、リスク資産への"投資"姿勢が弱いまま推移しています。この背景には人口動態的な要因も存在する一方で、リスク商品販売側の"プロダクトアウト的"な販売姿勢もあり、ある意味でその限界を見せていると言えるでしょう。こうした状況において、個人投資家向けの投資アドバイザーには、顧客本位の業務運営の実現を目指し、顧客のライフプランに沿った、ポートフォリオ提案営業の推進が求められています。

　金融業務能力検定「金融業務2級　ポートフォリオ・コンサルティングコース」は、個人投資家のニーズ、ライフイベントに対して、どのように金融商品を運用していくかを個人投資家と投資アドバイザーが共有しながら、投資アドバイザーがポートフォリオ運用をベースに、資産運用コンサルティングを実践するための能力養成をねらいとしています。加えて、行動ファイナンス理論を活用し、個人投資家特有の心理を理解した投資アドバイスの実践も目指します。

　本書を有効に活用して「金融業務2級　ポートフォリオ・コンサルティングコース」に合格され、皆様が「ポートフォリオ・コンサルタント」認定者として活躍されることを期待しています。

2024年6月

一般社団法人　金融財政事情研究会

検定センター

◇◇目　次◇◇

第3章　現代ポートフォリオ理論

第4章　総合問題

―〈法令基準日〉―――

　本書は、問題文に特に指示のない限り、2024年7月1日（基準日）現在
施行の法令等に基づいて編集しています。（注）

（注）令和6年度税制改正に伴い、令和6年分所得税について定額による所得税の特別控除
　　（定額減税）が実施されますが、本問題集では定額減税については考慮しないものとし
　　ます。

◇CBTとは◇

　CBT（Computer-Based Testing）とは、コンピュータを使用して実施
する試験の総称で、パソコンに表示された試験問題にマウスやキーボード
を使って解答します。金融業務能力検定は、一般社団法人金融財政事情研
究会が、株式会社シー・ビー・ティ・ソリューションズの試験システムを
利用して実施する試験です。CBTは、受験日時・テストセンター（受験
会場）を受験者自らが指定するとともに、試験終了後、その場で試験結果
（合否）を知ることができるなどの特長があります。

本書に訂正等がある場合には、下記ウェブサイトに掲載いたします。
https://www.kinzai.jp/seigo/

「金融業務2級　ポートフォリオ・コンサルティングコース」試験概要
（ポートフォリオ・コンサルタント認定試験）

　金融機関等のリテール営業担当者等が、顧客である個人投資家のニーズやライフプランに寄り添いながら顧客本位の業務運営を確立することを目標に、現代ポートフォリオ理論や行動ファイナンス理論に基づくリスク商品のポートフォリオ・コンサルティングを行う際の実践対応力を検証します。

■受験日・受験予約　　通年実施。受験者ご自身が予約した日時・テストセンター（https://cbt-s.com/examinee/testcenter/）で受験していただきます。受験予約は受験希望日の3日前まで可能ですが、テストセンターにより予約可能な状況は異なります。

■試験の対象者　　　　金融機関等のリテール営業担当者、資産運用相談担当者等　※受験資格は特にありません。

■試験の範囲　　　　　1．金融経済関連の知識
　　　　　　　　　　　2．金融商品の知識
　　　　　　　　　　　3．現代ポートフォリオ理論
　　　　　　　　　　　4．総合問題

■試験時間　　　　　　120分　試験開始前に操作方法等の案内があります。

■出題形式　　　　　　四答択一式30問、総合問題10題

■合格基準　　　　　　100点満点で70点以上

■受験手数料（税込）　7,700円

■法令基準日　　　　　問題文に特に指示のない限り、2024年7月1日現在施行の法令等に基づくものとします。

■合格発表　　　　　　試験終了後、その場で合否に係るスコアレポートが手交されます。合格者は、試験日の翌日以降、「ポートフォリオ・コンサルタント」の認定証をマイページからPDF形式で出力できます。

■持込み品	携帯電話、筆記用具、計算機、参考書および六法等を含め、自席（パソコンブース）への私物の持込みは認められていません。テストセンターに設置されている鍵付きのロッカー等に保管していただきます。メモ用紙・筆記用具はテストセンターで貸し出されます。計算問題については、試験画面上に表示される電卓（「◇本試験および本書についての注意事項◇」参照）を利用することができます。
■受験教材等	・本書 ・通信教育講座「ポートフォリオ提案スキルアップ講座」（一般社団法人金融財政事情研究会）
■受験申込の変更・キャンセル	受験申込の変更・キャンセルは、受験日の３日前までマイページより行うことができます。受験日の２日前からは、受験申込の変更・キャンセルはいっさいできません。
■受験可能期間	受験可能期間は、受験申込日の３日後から当初受験申込日の１年後までとなります。受験可能期間中に受験（またはキャンセル）しないと、欠席となります。

※金融業務能力検定・サステナビリティ検定の最新情報は、一般社団法人金融財政事情研究会のWebサイト（https://www.kinzai.or.jp/kentei/news-kentei）でご確認ください。

金融経済関連の知識

1−1　金融市場の機能

《問》金融市場の機能に関する次の記述のうち、最も不適切なものはどれか。

1）資金提供者が企業の発行する株式を購入することを直接金融といい、一方、資金提供者が企業の発行する社債を購入することを間接金融という。

2）市場の集荷・分荷機能とは、供給者から多様な商品を十分に集め、需要者に必要な商品、必要な量を分配する機能をいう。

3）市場の価格形成機能とは、需給により公正な価格を形成する機能をいう。

4）市場の情報発信機能とは、品揃えや価格等を公表する機能をいう。

・解説と解答・

1）不適切である。資金提供者が企業の発行する株式や社債を購入することは、どちらも直接金融に該当する。

2）適切である。

3）適切である。

4）適切である。

正解　1）

> **コラム**
>
> ## 金融市場の機能

■直接金融と間接金融

　直接金融とは、資金提供者と資金需要者が直接取引をすることを言う。例えば、投資家が社債を購入することは、投資家（資金提供者）が企業（資金需要者）に直接融資し、その証として社債を保有することを意味する。また、投資家が株式を購入することは、投資家（資金提供者）が企業（資金需要者）に直接資金を提供し、その証として株式を保有することを意味する。

　一方、資金提供者としての預金者が銀行等に預金を行うと、その預金は銀行等を介して、企業に対する融資や出資に回る。こうした銀行等を介した取引を間接金融という。なお、間接金融により預金が融資や出資に変換されることを「資産変換機能」という。

■市場の機能

　社債や株式を購入する仕組みを補完するのが、発行市場や流通市場である。すべての市場には、次の4つの共通の機能がある。

集荷・分荷機能	供給者から多様な商品を十分に集め、需要者に必要な商品を必要な量だけ分配する機能
価格形成機能	需給により、公正な価格を形成する機能
代金決済機能	代金の決済を確実に行う機能
情報発信機能	価格等を公表する機能

1-2　経済政策

《問》経済政策に関する次の記述のうち、最も適切なものはどれか。

1）財政政策は、主に政府が実施する公共事業の調整によって行われ、不景気時の景気刺激策としては、増税により公共事業を増やすことが効果的とされる。

2）金融政策とは、政府の指示に基づき、日本銀行がマネーストックや市中金利を調整することである。

3）わが国の中央銀行である日本銀行は、国債を発行することで、マネーストックを増加させる機能を担っている。

4）デフレ経済下における金融政策として、日本銀行が債券市場で国債を買い入れる買いオペレーションの実施がある。日本銀行が買いオペレーションを実施することで、金融市場へ資金を供給し、国債金利の水準をコントロールすることにより、住宅ローン金利や企業借入金利等の市中金利の低下をもたらすこととなる。

・解説と解答・

1）不適切である。政府による財政政策は、主に公共事業の調整により行われる。特に、不景気時の景気刺激策としては、増税することなく、赤字国債を発行することにより公共事業を増やすことが効果的とされる。不景気時に増税を行うことは、景気回復の足かせとなってしまう可能性がある。

2）不適切である。金融政策にはインフレ的な経済運営を求める圧力がかかりやすいため、金融政策の運営は、日本銀行が政府からの独立性を維持しながら、中立的・専門的な判断により行われなければならないとされる。ただし、日本銀行の金融政策と政府の経済政策の基本方針との整合性は重要であるため、日本銀行と政府は十分な意思疎通を図る必要もあるとされている。

3）不適切である。国債は日本銀行が発行するものではなく、政府が発行する政府の債務である。なお、日本銀行には、国債を買い入れることでマネーストックを増加させる機能がある。

4）適切である。金融政策の景気への波及効果は2通りある。まず、民間が保有する国債を日本銀行が債券市場で買い入れることで、民間企業の手元資金を増やし、本来の事業投資に回せる現金を増やす効果である。もう1つ

は、日本銀行が国債の買入額を増やすことで、国債価格が上昇し、国債の最終利回りが低下することとなり、その結果、市中金利が低下して民間企業等が借入れをしやすくなる効果がある。

正解　4）

コラム

政府による財政政策と日本銀行による金融政策

　代表的な景気刺激策および景気抑制策として、政府による「財政政策」と日本銀行による「金融政策」がある。

　財政政策としては、主に公共事業が活用されている。本来、公共事業は景気対策を目的として行われるものではないが、不景気のときには公共事業を意図的に増やしたり、前倒しで実施したりする。なお、不景気のときに増税して公共事業を増やすと景気の足を引っ張ることになるため、政府が国債を発行して公共事業を増やす。好景気のときには、一般に、公共事業は税収の範囲内で実施する。

　金融政策とは、日本銀行が、公開市場操作（オペレーション）などの手段を用いて、金融市場における金利の形成に影響を及ぼし、通貨および金融の調節を行うことである。中央銀行の金融政策にはインフレ的な経済運営を求める圧力がかかりやすいことから、日本銀行は政府からの独立性を維持しながら、金融政策を行う。

1−3　日本銀行の政策目標の変遷

《問》日本銀行の政策目標の変遷に関する次の記述のうち、最も不適切な
ものはどれか。
1）1999年から2000年にかけて、日本銀行は、いわゆる「ゼロ金利政
策」を実施し、「無担保コールレート（オーバーナイト物）を、で
きるだけ高めに推移するよう促す」などと金融市場調節方針が定め
られた。
2）日本銀行は、2001年に「量的緩和政策」を開始し、短期金利の引下
げだけではデフレスパイラルを脱却することはできないとの判断か
ら、金融市場調節の操作目標を「無担保コールレート」から「日本
銀行当座預金残高」に変更した。
3）日本銀行は、消費者物価の前年比上昇率2％の物価安定目標をでき
るだけ早期に実現するために、2013年に「量的・質的金融緩和」を
導入し、量的な金融緩和推進の観点から、金融市場調節の操作目標
を、再び「無担保コールレート（オーバーナイト物）」から「マネ
タリーベース」に変更した。
4）日本銀行が2024年3月に公表した「当面の金融政策運営について」
においては、長期国債の買入れに関して「これまでと概ね同程度の
金額で長期国債の買入れを継続する。長期金利が急激に上昇する場
合には、毎月の買入れ予定額にかかわらず、機動的に、買入れ額の
増額や指値オペ、共通担保資金供給オペなどを実施する」との方針
が定められた。

・解説と解答・

1）不適切である。1999年から2000年にかけて行われた、いわゆる「ゼロ金利
政策」においては、「無担保コールレート（オーバーナイト物）を、でき
るだけ低めに推移するよう促す」と金融市場調節方針が定められ、1999年
2月の金融政策決定会合では、当初0.15％前後を目指し、その後市場の状
況を踏まえながら、徐々に一層の低下を促すとされた。
2）適切である。1994年の金利自由化以降、日本銀行は短期市場金利を誘導す
る公開市場操作（オペレーション）を通じて金融市場調節を行っており、
1998年以降の金融市場調節方針では「無担保コールレート（オーバーナイ

ト物）」を操作目標としていた。

　　しかし、2001年に「量的緩和政策」を導入すると、金融市場調節の主たる操作目標を「無担保コールレート」から「日本銀行当座預金残高」に変更した。その後、2006年に量的緩和政策を解除すると同時に、金融市場調節の操作目標を、再び無担保コールレート（オーバーナイト物）とした。

3 ）適切である。日本銀行は、消費者物価の前年比上昇率 2 ％の「物価安定目標」を、 2 年程度の期間を念頭に置いて、できるだけ早期に実現するため、マネタリーベースおよび長期国債・ETFの保有額を 2 年間で 2 倍に拡大し、長期国債の買入れの平均残存期間を 2 倍以上に延長するなど、量・質ともに次元の違う金融緩和を行うことを2013年 4 月に発表した。

　　量的な金融緩和を推進する観点から、金融市場調節の操作目標を、「無担保コールレート（オーバーナイト物）」から「マネタリーベース」に変更し、“マネタリーベースが、年間約60〜70兆円に相当するペースで増加するよう金融市場調節を行う”とした。

4 ）適切である。日本銀行が2024年 3 月に公表した「当面の金融政策運営について」においては、日本国内でもインフレ傾向に転じた兆候があるとして、長期金利に関してこれまで「10年物国債金利がゼロ％程度で推移するよう」としていた数値目標を掲げなくなった。

正解　1 ）

1－4　国際収支と資金循環統計

《問》〈金融資産・負債残高表（抜粋）〉および〈金融取引表（抜粋）〉に
基づき国際収支と資金循環統計について説明した次の記述のうち、
最も適切なものはどれか。

〈金融資産・負債残高表（抜粋）〉

	金融機関		家計		海外	
	資産	負債	資産	負債	資産	負債
現金・預金						
⋮						
株式等・投資信託受益証券		A	B			
保険・年金等						
金融派生商品等						
預け金						
⋮						
その他						
金融資産・負債差額			C	D		
合　計						

〈金融取引表（抜粋）〉

	海外	
	資産	負債
現金・預金		
⋮		
株式等・投資信託受益証券		
保険・年金等		
金融派生商品等		
預け金		
⋮		
その他		
資金過不足		E
合　計		

1）〈金融資産・負債残高表（抜粋）〉における太枠内Aの合計と太枠内Bの合計は一致する。

2）個人の金融資産の純残高は、〈金融資産・負債残高表（抜粋）〉における太枠内Dである。

3）〈金融取引表（抜粋）〉における海外部門の資金過不足Eは、国際収支統計における経常収支と一致する。

4）資金循環統計のうち金融資産・負債残高表には、期中の資産および負債の増減額が記録されている。

・解説と解答・

1）不適切である。金融機関部門と家計部門だけで一致するわけではなく、ほかの部門を含めた場合に一致する。つまり、家計部門だけではなくほかの部門も含めた資産の純残高（資産－負債）が、金融機関部門の負債の純残高（負債－資産）と一致することとなる。

2）適切である。

3）不適切である。資金循環統計における海外部門の資金過不足は、本来、国際収支統計における金融収支と一致するはずであるが、誤差脱漏が主として金融収支に起因するものとしたうえで、実際の計数は経常収支と資本移転等収支の合計額に一致させることとしている。

4）不適切である。資金循環統計のうち金融資産・負債残高表には、期末時点の資産および負債の残高が記録されている。なお、期中の資産および負債の増減額が記録されているのは、金融取引表である。

正解　2）

コラム
国際収支と資金循環統計

■資金循環統計

　資金循環統計は、1つの国で生じる金融取引や、その結果として保有された金融資産・負債を企業、家計、政府といった経済主体ごとに、かつ金融商品ごとに包括的に記録した統計であり、日本銀行が公表している。

　資金循環統計は、次の3表からなる。

- ・「金融取引表」（期中の資産・負債の増減額を記録）
- ・「金融資産・負債残高表」（期末時点の資産・負債の残高を記録）
- ・「調整表」（「金融取引表」と「金融資産・負債残高表」の間の乖離額を記録）

■資金循環統計と国際収支統計の関係

　国際収支統計は、財務省と日本銀行が共同で公表しており、自国と外国との間で行った財貨・サービスおよび金融取引等が、「経常収支」「金融収支」および「資本移転等収支」に分けて記録されている。資金循環統計における海外部門の取引は、国際収支統計における「金融収支」に該当する。

　なお、資金循環統計における海外部門の資金過不足は、本来、国際収支統計における金融収支と一致するはずであるが、誤差脱漏が主として金融収支に起因するものとしたうえで、実際の計数は経常収支と資本移転等収支の合計額に一致させることとし、次の算式が成り立っている。

　　「資金循環統計における海外部門の資金過不足＝国際収支統計における経常収支＋資本移転等収支」

■ISバランス・アプローチ

　マクロ経済学においては、一般に、経済の各部門における貯蓄と投資のバランスを把握するために、次の貯蓄投資（IS）バランス・アプローチが用いられている。

　　　　ISバランス・アプローチ：「$S - I = (G - T) + (X - M)$」

（S：貯蓄、I：投資、G：財政支出、T：税金、X：輸出、M：輸入）

1－5　金利の変動要因

《問》金利の一般的な変動要因に関する次の記述のうち、最も不適切なものはどれか。

1）株式市場の上昇局面には、一般に、投資資金が債券から株式へ向かうため、債券価格は下落し、金利は上昇することとなる。

2）一般に、円安米ドル高が予想される場合、円建て資産を売って米ドル建て資産を買う動きが増加すると、日本の金利は上昇することとなる。

3）物価の上昇は、相対的にお金の価値が目減りすることを意味するため、一般に、物価が上昇すると金利は低下することとなる。

4）日本銀行が実施する国債や指数連動型上場投資信託（ETF）の買入れは、市中金利の低下要因である。

・解説と解答・

1）適切である。一般に、株価が下落すると金利は低下し、株価が上昇すると金利は上昇する。

2）適切である。一般に、円安が予想されると金利は上昇し、円高が予想されると金利は低下する。円安米ドル高が予想される場合、円建て資産を売って米ドル建て資産を買う動きが増加すると、円の資金供給量が減少することとなり金利上昇を招くこととなる。

3）不適切である。一般に、物価が上昇すると金利は上昇し、物価が低下すると金利は低下する。物価の上昇は、相対的にお金の価値が目減りすることを意味し、物価の上昇局面においては、人々は価格が上昇する前に物を購入しようとするため、これが借入れ需要の増大につながり、金利の上昇をもたらすこととなる。

4）適切である。日本銀行が行う金融政策の代表的な手段である公開市場操作（オペレーション）の「買いオペレーション」についての記述である。買いオペレーションは、金融市場に資金を供給することを目的としており、市場の資金量が増えることで金利が低下することとなる。

正解　3）

1－6　為替の変動要因

《問》日米間における、一般的な為替の変動要因に関する次の記述のうち、最も不適切なものはどれか。

1）金利平価説によれば、日本よりも米国の金利のほうが高いことは、円高米ドル安要因となる。
2）相対的購買力平価説によれば、米国の物価が日本と比較して相対的に上昇することは、一般に、長期的な円安米ドル高要因となる。
3）一般に、日本の景気が回復に向かい、米国株式と比べて相対的に日本株式の値上がり期待が高まると、円高米ドル安要因となる。
4）一般に、日本の経常収支の黒字額が減少または赤字額が増加すると、円安米ドル高要因となる。

・解説と解答・

1）適切である。金利平価説によれば、金利の高い国の通貨は徐々に安くなる。例えば、米ドル金利5％、日本円金利1％（金利差4％）の場合、米ドルは年4％下落していくこととなる。

2）不適切である。相対的購買力平価説によれば、物価上昇は自国通貨安をもたらす。

　なお、購買力平価説とは、2国間の為替レートは、各国通貨の購買力が等しくなるように決定されるものであり、さらに通貨の購買力は、その国の物価水準の逆数に比例するという説であり、「同じモノであれば、日本でも外国でも価値は同じである」という考え方に基づいている。

3）適切である。日本の景気が回復に向かうと、まず日本企業の株価上昇期待が高まり、海外の機関投資家などから日本への投資の動きが強まり、円買い需要が発生する。

　また、景気の好転により日本国内でビジネスチャンスが拡大すると、日本に進出する外国企業が増加し、円買い需要が発生する。したがって、景気が回復すると円高になる傾向がある。

4）適切である。経常収支は、諸外国との間で行うモノやサービスの輸出入を金額ベースで表示したものである。輸出額に比べて輸入額が多い場合は、輸入品の支払のために円売り米ドル買いが増えることで、円安米ドル高の要因となる。

<u>正解　2）</u>

1－7　株式・債券の変動要因

《問》株式・債券の変動要因に関する次の記述のうち、最も不適切なもの
　　　はどれか。
　1）一般に、金利が上昇すると株価が下落する要因となる。
　2）円安米ドル高が進むと、日本の輸出企業の株価は下落する。
　3）景気回復局面では、企業業績の拡大期待から投資が加速して株価は
　　　上昇し、安全資産とされる債券が売られ債券価格は下落する。
　4）一般に、市中金利が上昇すると債券価格が下落する要因となる。

・解説と解答・

1）適切である。一般に、金利が上昇すると債券の魅力が向上し、株式から債
　　券に投資資金が集まるため株価は下落する。逆に、金利が低下すると、株
　　式の配当利回りの魅力が相対的に向上するため、株式に投資資金が集まり
　　やすくなる。
2）不適切である。円安米ドル高が進むと、輸出によって受け取る円ベースの
　　販売額が増大するため輸出企業の株価は上昇する。一方、円高米ドル安が
　　進むと、輸入品に対する円ベースの支払金額が減少するため、原材料費の
　　低下等を招くこととなり、輸入企業の株価は上昇する。
3）適切である。一方、景気後退局面では、企業業績への不安感から投資が手
　　控えられることで株価は下落し、安全資産とされる債券が買われ債券価格
　　は上昇する。
4）適切である。例えば、債券Aが発行された後に市中金利が上昇すると、そ
　　の後に発行された債券Bの表面利率は債券Aよりも高くなり、債券Aの魅
　　力が相対的に低下することで債券Aの価格は下落する。
　　　逆に、債券Aが発行された後に市中金利が低下すると、その後に発行さ
　　れた債券Bの表面利率は債券Aよりも低くなり、債券Aの魅力が相対的に
　　高くなることで債券Aの価格は上昇する。
　　　つまり、市中金利が上昇すると債券価格は下落し、市中金利が低下する
　　と債券価格は上昇するという関係にある。

<u>正解　2）</u>

14

1－8　複利と単利

《問》元本1,000万円を3％の利率で運用した場合、元本と利息の合計額
　　　が2,000万円に到達するまでに必要な①複利運用の年数および②単
　　　利運用の年数の組合せとして、次のうち最も適切なものはどれか。
　1）①複利：20年　②単利：34年
　2）①複利：24年　②単利：34年
　3）①複利：30年　②単利：40年
　4）①複利：33年　②単利：40年

・解説と解答・

　収益を再投資する計算を複利計算、収益を再投資しない計算を単利計算とい
う。設問は、「複利の効果が大きい」こと、さらに「複利の効果は長期である
ほど大きいこと」を実感することを目的としている。複利運用および単利運用
の元利合計額の計算方法は下表のとおりである。

	複利運用	単利運用
1年後	1,000万円×（1＋0.03）^{1}＝10,300,000円	1,000万円＋30万円×1＝10,300,000円
2年後	1,000万円×（1＋0.03）^{2}＝10,609,000円	1,000万円＋30万円×2＝10,600,000円
⋮	⋮	⋮
10年後	1,000万円×（1＋0.03）^{10}＝13,439,163円	1,000万円＋30万円×10＝13,000,000円
⋮	⋮	⋮
20年後	1,000万円×（1＋0.03）^{20}＝18,061,112円	1,000万円＋30万円×20＝16,000,000円
⋮	⋮	⋮
23年後	1,000万円×（1＋0.03）^{23}＝19,735,865円	1,000万円＋30万円×23＝16,900,000円
24年後	1,000万円×（1＋0.03）^{24}＝20,327,941円	1,000万円＋30万円×24＝17,200,000円
⋮	⋮	⋮
33年後	1,000万円×（1＋0.03）^{33}＝26,523,352円	1,000万円＋30万円×33＝19,900,000円
34年後	1,000万円×（1＋0.03）^{34}＝27,319,052円	1,000万円＋30万円×34＝20,200,000円

※計算結果は円未満切捨て。

正解　2）

1－9　ライフサイクル投資

《問》ライフサイクル投資の考え方に関する次の記述のうち、最も適切なものはどれか。

1）米国の投資アドバイザーが伝統的に使用してきた簡略ルールによれば、リスク資産比率は「年齢－25」（％）がよいとされ、高齢になるほどリスク資産比率を高めるべきであるとしている。

2）ライフサイクル投資の考え方において、個人が一生のうちに受け取る収入の総和を人的資本といい、適切なリスク資産比率を考えるうえで重要な役割を果たすとされる。

3）金融広報中央委員会の「金融リテラシー調査（2022年）」によれば、日本人は、高齢になるほど金融リテラシーが高いといえる。

4）日本の個人の年齢別リスク資産比率をみると、若い世代ほどリスク資産比率が高く、高齢になるほどリスク資産比率が低くなる傾向にあり、日本人は合理的な投資行動をとっているといえる。

・解説と解答・

1）不適切である。米国の投資アドバイザーが伝統的に使用してきた有名な簡略ルールによれば、リスク資産比率は「100－年齢」（％）がよいとされ、高齢になるほどリスク資産比率を下げるべきであるとしている。

2）不適切である。ライフサイクル投資の考え方において、人的資本とは、個人が現在の年齢からその後に受け取るすべての収入の現在価値のことをいう。

3）適切である。金融広報中央委員会の「金融リテラシー調査（2022年）」によれば、金融リテラシーに係る正誤問題25問の正答率は、30歳未満は41.2％、30代は48.8％、40代は53.0％、50代は58.6％、60代は64.1％、70代は65.6％であり、高齢になるほど金融リテラシーが高いといえる。

4）不適切である。日本の個人の年齢別リスク資産比率は、若い世代ほど低く、高齢になるほど高くなる傾向にある（総務省「全国家計構造調査（2019年）」）。

　ただし、本来であれば、若い世代ほどリスクをとり、高齢になるほどリスクを抑えていくほうが合理的な考え方であるといえる。

正解　3）

1－10　行動ファイナンス理論

《問》行動ファイナンス理論において、金融取引のさまざまな場面で個人
　　投資家の非合理的な行動を引き起こすとされるバイアスについての
　　次の記述のうち、最も不適切なものはどれか。
1）自分が選択した銘柄に自信を持ちすぎて、ほかの銘柄への分散投資
　　が難しくなるバイアスを、「自信過剰」という。
2）ギャンブル等で儲けたお金は、就労で得たお金よりも簡単に使って
　　しまうというように、お金に色を付けて見てしまうバイアスを、
　　「アンカリング」という。
3）めったに起こらないことをより高い確率で起こると思ってしまうバ
　　イアスを、「主観確率」という。
4）短期的な利益に対して、長期的な利益よりも大きな価値を感じてし
　　まうバイアスを、「双曲割引」という。

・解説と解答・

1）適切である。また、自分が選択した銘柄に自信を持ちすぎて過剰に取引を
　　することも、「自信過剰」バイアスの影響を受けているといえる。
2）不適切である。本肢は「メンタルアカウント」についての記述である。
　　「アンカリング」とは、保有している株式の株価が高くなったときが忘れ
　　られない（高値覚え）ように、無関係な数字に影響を受けて、投資判断を
　　してしまうバイアスをいう。
3）適切である。宝くじを買いたくなってしまう心理は、「主観確率」バイア
　　スの影響を受けているといえる。
4）適切である。しばらく使う予定のない余裕資金での投資であったにもかか
　　わらず、日々の価格変動に一喜一憂してしまう心理は、「双曲割引」バイ
　　アスの影響を受けているといえる。

<u>正解　2）</u>

1 −11　行動ファイナンス理論の活用

《問》個人投資家のＹさんが、下記のような状況に陥るのを防ぐために有効となる「期間のリフレーム」のための準備や対応方法として、次のうち最も不適切なものはどれか。

> Ｙさんには、長年、銀行の定期預金にそのままになっている資金がある。この資金は当面使う予定はなく、金融機関の営業担当者Ｘに相談し、将来少しでもお金が増えていたらいいなという気持ちで株式投資を始めることにした。ところが、いざ投資を始めてみると、Ｙさんは株価の変動が気になって仕方がなく、日々の損益に一喜一憂してしまう。そして投資を開始してから１年後、景気悪化の影響を受け保有株式の株価が下落すると、Ｙさんは強い不安を感じてしまい、Ｘに相談することもないまま、保有株式をすべて売却してしまった。

1 ）短期的な相場の下落がいかに当然に起こるかについて、統計的なデータで認識しておく。
2 ）短期的な相場の下落が起こったときの対処方法をあらかじめ検討し、投資方針書などに記録しておく。
3 ）Ｘのような投資アドバイザーや家族など信頼のおける人間と、統計的なデータに基づく合理的な認識を共有し、相場の暴落時には会話をするようにする。
4 ）ＸはＹさんに対して、株価が下落したときに、初めて長期保有の重要性について統計データ等を用いて説明する。

・解説と解答・

1 ）適切である。
2 ）適切である。
3 ）適切である。
4 ）不適切である。「期間のリフレーム」を行うためには、株価が下落して初めて長期保有や統計データについて説明するのでは遅く、投資を開始する前に、上記のような準備をしておくことが望ましい。　　<u>正解　4 ）</u>

1−12　顧客本位の業務運営に関する原則①

《問》金融庁が公表している「顧客本位の業務運営に関する原則（2021年1月15日改訂）」（以下、「本原則」という）に関する次の記述のうち、最も適切なものはどれか。

1）本原則は、金融事業者がとるべき行動について詳細に規定する「ルールベース・アプローチ」ではなく、金融事業者が各々の置かれた状況に応じて、形式ではなく実質において顧客本位の業務運営を実現することができるよう、「プリンシプルベース・アプローチ」を採用している。

2）本原則によれば、例えば、高齢者等の金融取引被害を受けやすい属性の顧客グループに対しては、顧客が自ら購入を希望した場合を除き、金融事業者は能動的に金融商品の販売・推奨等を行わないことを求めている。

3）本原則は、すべての金融事業者に対して遵守が義務付けられており、本原則の遵守を怠った金融事業者は、業務改善命令等の対象となる。

4）本原則によれば、金融事業者は、顧客との情報の非対称性があることを踏まえ、例えば、単純でリスクの低い商品の販売・推奨等を行う場合においても簡潔な情報提供をすることなく、複雑またはリスクの高い商品の販売・推奨等を行う場合と同様に、顧客に対してよりわかりやすく丁寧な情報提供がなされるよう工夫することが求められている。

・解説と解答・

1）適切である。従来型のルールベース・アプローチ、つまり法令改正等による投資者保護のための取組みが最低基準（ミニマム・スタンダード）となり、金融事業者による形式的・画一的な対応を助長してきたと反省し、金融事業者自らが創意工夫をし、ベスト・プラクティスを目指して顧客本位の良質な金融商品・サービスの提供を競い合い、よりよい取組みを行う金融事業者が選択されていくメカニズムを実現するため、本原則においては、「プリンシプルベース・アプローチ」を採用している（金融庁「顧客本位の業務運営に関する原則（2021年1月15日改訂）」P.1-2）。

2）不適切である。本原則の原則 6「顧客にふさわしいサービスの提供」によれば、金融事業者は、金融取引被害を受けやすい属性の顧客グループに対して商品の販売・推奨等を行う場合には、商品や顧客の属性に応じ、当該商品の販売・推奨等が適当かより慎重に審査することを求めており、能動的な商品の販売・推奨等を行わないことを求めているわけではない（金融庁「顧客本位の業務運営に関する原則（2021年 1 月15日改訂）」P.6）。

3）不適切である。金融事業者が自らの状況等に照らして実施することが適切でないと考える原則がある場合は、一部の原則を実施しないことも認められ、それを「実施しない理由」等を十分に説明することが求められる。

　　なお、本原則は、一部の原則を実施しないことを理由に、罰則や業務改善命令等が科されるものではない（金融庁「顧客本位の業務運営に関する原則（2021年 1 月15日改訂）」P.2）。

4）不適切である。本原則の原則 5「重要な情報の分かりやすい提供」によれば、金融事業者は、顧客に対して販売・推奨を行う金融商品・サービスの複雑さに見合った情報提供を、わかりやすく行うことが求められている。

　　例えば、単純でリスクの低い商品の販売・推奨等を行う場合には、簡潔な情報提供を行うことが認められている（金融庁「顧客本位の業務運営に関する原則（2021年 1 月15日改訂）」P.5）。

正解　1）

1－13　顧客本位の業務運営に関する原則②

《問》金融庁が公表している「顧客本位の業務運営に関する原則（2021年
1月15日改訂）」（以下、「本原則」という）に関する次の記述のう
ち、最も不適切なものはどれか。
1）本原則によれば、金融事業者は、従業員がその取り扱う金融商品の
仕組み等に係る理解を深めるよう努めるとともに、顧客に対して、
その属性に応じ、金融取引に関する基本的な知識を得られるための
情報提供を積極的に行うことを求めている。
2）本原則は、顧客本位の業務運営を目指すすべての金融事業者を対象
としているが、「金融事業者」について特に定義していない。
3）本原則によれば、金融事業者が、顧客に対して金融商品・サービス
に係る情報を提供する際には、情報を重要性に応じて区別し、当該
商品を保有するメリットについては特に強調するなどして、顧客の
理解を深めることを求めている。
4）本原則によれば、販売会社である金融事業者は、金融商品の顧客へ
の販売・推奨等に伴って、当該商品の提供会社から委託手数料等の
支払を受ける場合について、利益相反の可能性や、取引または業務
に及ぼす影響を考慮し、適切な対策を講ずることが求められてい
る。

・解説と解答・

1）適切である。本原則の原則6「顧客にふさわしいサービスの提供」につい
ての記述である。
　金融事業者は、従業員のみならず、顧客が金融取引に関する基本的な知
識を得られるための情報提供を積極的に行うべきとしている（金融庁「顧
客本位の業務運営に関する原則（2021年1月15日改訂）」P.6）。
2）適切である。本原則では、金融事業者という用語を特に定義していない。
顧客本位の業務運営を目指す金融事業者において幅広く採択されることが
期待されている（金融庁「顧客本位の業務運営に関する原則（2021年1月
15日改訂）」P.2）。
3）不適切である。本原則の原則5「重要な情報の分かりやすい提供」によれ
ば、顧客に対してわかりやすく提供すべき重要な情報として、「顧客に対

して販売・推奨等を行う金融商品・サービスの基本的な利益（リターン）、損失その他のリスク、取引条件」「顧客に対して販売・推奨等を行う金融商品の組成に携わる金融事業者が販売対象として想定する顧客属性」「顧客に対して販売・推奨等を行う金融商品・サービスの選定理由（顧客のニーズおよび意向を踏まえたものであると判断する理由を含む）」「顧客に販売・推奨等を行う金融商品・サービスについて、顧客との利益相反の可能性がある場合には、その具体的内容（第三者から受け取る手数料等を含む）及びこれが取引又は業務に及ぼす影響」が挙げられている。

　本肢のように、商品のメリットのみを特に強調して顧客に伝えることは、顧客の誤解を招く可能性がある。先に例示したような重要な情報について、わかりやすく丁寧に情報提供がなされるべきである（金融庁「顧客本位の業務運営に関する原則（2021年1月15日改訂）」P.5）。

4）適切である。本原則の原則3「利益相反の適切な管理」についての記述である。

　本原則によれば、本肢のほか、「販売会社が、同一グループに属する別の会社から提供を受けた商品を販売・推奨等する場合」「同一主体又はグループ内に法人営業部門と運用部門を有しており、当該運用部門が、資産の運用先に法人営業部門が取引関係等を有する企業を選ぶ場合」を、利益相反の可能性を判断するにあたり、取引または業務に及ぼす影響を考慮すべき事情として挙げている（金融庁「顧客本位の業務運営に関する原則（2021年1月15日改訂）」P.4）。

正解　3）

第2章

金融商品の知識

2－1　株式／株式市場の概要

《問》株式市場に関する次の記述のうち、最も適切なものはどれか。
1）株式会社において、株主は当該株式会社の債務について出資額と同額の返済義務（責任）を負うこととなる。
2）1つの株式会社が東京証券取引所と名古屋証券取引所の両方に上場するなど、複数の証券取引所に上場することは禁止されている。
3）2022年4月に東京証券取引所の市場区分が変更され、多くの機関投資家の投資対象になりうる規模の時価総額を持ち、高いガバナンス水準を備え、投資家との建設的な対話を中心に据えた企業向けの市場を「プライム市場」、公開された市場における投資対象として十分な流動性とガバナンス水準を備えた企業向けの市場を「スタンダード市場」、高い成長可能性を有する企業向けの市場を「グロース市場」として見直しが行われた。
4）ダウ工業株30種平均は、米国における代表的な工業株30銘柄を対象とした平均株価指数であり、重厚長大型産業に属する製造業の銘柄で構成されている。

・解説と解答・

1）不適切である。株式会社において、株主は自己の有する株式の引受価額を限度に責任を負うこととなる（会社法104条）。つまり、株式会社が倒産した場合、株主が投資した資金を回収することができなくなる可能性があるが、それ以上に債務を負うことはなく、返済義務（責任）を負うことはない。
2）不適切である。例えば、トヨタ自動車株式会社は東京証券取引所と名古屋証券取引所に上場している。このように、複数の証券取引所に上場することを「重複上場」といい、多くの会社で重複上場が行われている。ただし、近年、地方証券取引所での取引量の減少や上場維持コスト削減を理由に、重複上場は解消される傾向にある。
3）適切である。
4）不適切である。ダウ工業株30種平均における「工業」は、製造業のみに限定されておらず、鉄道事業と公共事業以外のすべての業種が入替の対象となる。

正解　3）

■国内の証券取引所区分

		2022年4月1日まで		2022年4月4日以降
上場	東京証券取引所	市場第一部		プライム市場
		市場第二部		スタンダード市場
		JASDAQ	スタンダード	
			グロース	グロース市場
		マザーズ		
		TOKYO PRO Market		
	大阪取引所　（デリバティブのみ）			
	名古屋証券取引所	市場第一部		プレミア市場
		市場第二部		メイン市場
		セントレックス		ネクスト市場
	札幌証券取引所	上場		
		アンビシャス		
	福岡証券取引所	上場		
		Q-Board		
非上場	フェニックス			
	株主コミュニティ			

■国外の主要な株価指数

国	指数名	詳細
アメリカ	ダウ工業株30種平均	ニューヨーク証券取引所やNASDAQに上場している米国の最大手企業の株式30銘柄を対象とした平均株価指数で、19世紀に始まった世界最古の株価指数。
	S&P500	ニューヨーク証券取引所やNYSE American、NASDAQに上場している主要500銘柄を対象とした時価総額加重型の株価指数。
イギリス	FTSE100	ロンドン証券取引所に上場している銘柄のうち、時価総額上位100銘柄を対象とした時価総額加重型の株価指数。
ドイツ	DAX指数	フランクフルト証券取引所に上場している銘柄のうち、主要40銘柄を対象とした時価総額加重型の株価指数(2021年9月より30銘柄から40銘柄に変更)。
中国	上海総合指数	上海証券取引所に上場している人民元建てのA株および米ドル建てのB株全銘柄を対象とした時価総額加重型の株価指数。

2－2　株式／ファンダメンタル分析①

《問》下記の〈貸借対照表〉に基づき計算した①流動比率、②当座比率、③固定長期適合率、④自己資本比率の組合せとして、次のうち最も適切なものはどれか。ただし、純資産と自己資本は等しいものとし、計算結果は表示単位の小数点以下第2位を四捨五入すること。

〈貸借対照表〉　（単位：億円）

【流動資産】	5,000	【流動負債】	3,800
現預金	800	支払手形	2,900
受取手形	1,200	その他	900
売掛金	1,400	【固定負債】	4,500
有価証券	300		
棚卸資産	1,300	【純資産】	3,300
【固定資産】	6,600		
資産合計	11,600	合　計	11,600

1）①131.6%　②89.5%　③200.0%　④73.3%
2）①131.6%　②97.4%　③ 84.6%　④28.4%
3）① 76.0%　②89.5%　③ 84.6%　④28.4%
4）① 76.0%　②97.4%　③200.0%　④73.3%

●解説と解答●

　企業の支払能力が十分かどうか、企業の資金繰状態の良否などを測定するために、貸借対照表を中心として企業の実体を把握する安全性分析を行う。安全性分析は、次の各指標により財務上の支払能力を判断する。

・流動比率

　短期的に支払期日の到来する債務（流動負債）に対して、同じく短期的に回収し、支払に充当することができる手段（流動資産）がどの程度あるかを測定する指標である。一般に、流動比率は200%以上が望ましいとされる。

$$流動比率＝\frac{流動資産}{流動負債}＝\frac{5,000億円}{3,800億円}＝131.57\cdots\%≒131.6\%\cdots①$$

・当座比率

　流動比率の質的検討のための指標である。当座資産（現預金、受取手形、売掛金、有価証券）とは、一般に、流動資産から棚卸資産を除いたものとされる。棚卸資産、つまり商品や製品は、売れない限り現金にはならないため、支払の確実性を測定するために当座比率がある。一般に、当座比率は100％以上（もしくは100％に近い数値）が望ましいとされる。

$$当座比率 = \frac{当座資産（現預金＋受取手形＋売掛金＋有価証券）}{流動負債}$$

$$= \frac{3,700億円}{3,800億円} = 97.36\cdots\% \fallingdotseq 97.4\% \cdots ②$$

・固定比率

　固定資産が、返済の必要がない自己資本（純資産）でどの程度賄われているかによって、財務の安全性を測定する指標である。一般に、固定比率は100％未満が望ましいとされる。

$$固定比率 = \frac{固定資産}{自己資本（純資産）} = \frac{6,600億円}{3,300億円} = 200.0\%$$

・固定長期適合率

　固定資産が、返済の必要がない自己資本（純資産）と固定負債を加えた長期安定資本によってどの程度賄われているかを測定する指標である。一般に、固定長期適合率は100％未満が望ましいとされる。

$$固定長期適合率 = \frac{固定資産}{自己資本（純資産）＋固定負債}$$

$$= \frac{6,600億円}{3,300億円＋4,500億円} = 84.61\cdots\% \fallingdotseq 84.6\% \cdots ③$$

・自己資本比率

　財務の健全性を測定する代表的な指標である。一般に、自己資本比率は30％以上が望ましいとされる。

$$自己資本比率 = \frac{自己資本（純資産）}{総資本} = \frac{3,300億円}{11,600億円} = 28.44\cdots\% \fallingdotseq 28.4\% \cdots ④$$

正解　2）

2－3　株式／ファンダメンタル分析②

《問》下記の〈財務データ〉に基づき計算した①自己資本利益率（ROE）、
②売上高当期純利益率、③総資産回転率、④財務レバレッジの組合
せとして、次のうち最も適切なものはどれか。なお、純資産と自己
資本は等しいものとし、計算結果は表示単位の小数点以下第3位を
四捨五入すること。

〈財務データ〉

貸借対照表　　（単位：億円）

【流動資産】	5,000	【流動負債】	3,800
現預金	800	支払手形	2,900
受取手形	1,200	その他	900
売掛金	1,400	【固定負債】	4,500
有価証券	300		
棚卸資産	1,300	【純資産】	3,300
【固定資産】	6,600		
資産合計	11,600	合　計	11,600

損益計算書（抜粋）（単位：億円）

売　上　高	22,000
⋮	⋮
経常利益	1,450
⋮	⋮
当期純利益	600

1）①18.18％　②6.59％　③0.53回　④2.28
2）①43.94％　②6.59％　③1.90回　④2.28
3）①18.18％　②2.73％　③1.90回　④3.52
4）①43.94％　②2.73％　③0.53回　④3.52

解説と解答

$$ROE = \frac{当期純利益}{自己資本} = \frac{当期純利益}{売上高} \times \frac{売上高}{総資産（総資本）} \times \frac{総資産（総資本）}{自己資本}$$

$$= 売上高当期純利益率 \times 総資産回転率 \times 財務レバレッジ$$

$$\text{ROE} = \frac{\text{当期純利益}}{\text{自己資本}} = \frac{600億円}{3,300億円} = 18.181\cdots\% \fallingdotseq 18.18\% \cdots ①$$

・売上高当期純利益率

売上高当期純利益率は、企業の収益性を測定する指標であり、この指標が高いほど収益性が高いことを示している。

$$\text{売上高当期純利益率} = \frac{\text{当期純利益}}{\text{売上高}} = \frac{600億円}{22,000億円} = 2.727\cdots\% \fallingdotseq 2.73\% \cdots ②$$

・総資産回転率

総資産回転率は、投下資本の運用効率を示す指標である。回転率が低いということは総資産の運用状態に問題があり、回転率が高いということは総資産を有効活用して売上高を生み出しているといえる。

なお、総資産回転率は高いほど望ましいとされるが、その水準は業種・業態によって大きく異なるため、同業他社比較や時系列比較を行ったうえで良否を判断する必要がある。

$$\text{総資産回転率} = \frac{\text{売上高}}{\text{総資産（総資本）}} = \frac{22,000億円}{11,600億円} = 1.896\cdots回 \fallingdotseq 1.90回 \cdots ③$$

・財務レバレッジ

財務レバレッジは、自己資本を梃子（レバレッジ）に、どれだけ負債（他人資本）を有効活用しているかを示す指標である。

なお、財務レバレッジが高くなりすぎると財務リスクが増大するため注意が必要であり、低すぎても積極的な経営が行えていない可能性がある。

$$\text{財務レバレッジ} = \frac{\text{総資産（総資本）}}{\text{自己資本}} = \frac{11,600億円}{3,300億円} = 3.515\cdots \fallingdotseq 3.52\cdots ④$$

正解　3）

2-4　株式／ファンダメンタル分析③

《問》下記の〈A社の財務データ〉に関する次の記述のうち、最も適切なものはどれか。なお、問題の性質上、明らかにできない部分は「□□□」で示している。また、自己資本は純資産と一致するものとする。

〈A社の財務データ〉

貸借対照表　　　（単位：億円）

【流動資産】	□□□	【流動負債】	2,500
現預金	500	支払手形	1,800
受取手形	1,300	その他	700
売掛金	1,000	【固定負債】	□□□
有価証券	300		
棚卸資産	□□□	【純資産】	□□□
【固定資産】	□□□		
資産合計	□□□	合　計	□□□

1）短期的安全性の指標である当座比率は80.0％で十分であるが、長期的安全性の指標である固定長期適合率に関しては情報不足で判断はできない。

2）短期的安全性の指標である当座比率は80.0％で十分であるが、長期的安全性の指標である固定長期適合率に関しては100％未満であることが推測できる。

3）短期的安全性の指標である当座比率は124.0％で十分であるが、長期的安全性の指標である固定長期適合率に関しては情報不足で判断はできない。

4）短期的安全性の指標である当座比率は124.0％で十分であるが、長期的安全性の指標である固定長期適合率に関しては100％未満であることが推測できる。

・解説と解答・

$$流動比率 = \frac{流動資産}{流動負債}$$

$$当座比率 = \frac{現預金 + 受取手形 + 売掛金 + 有価証券}{流動負債} = \frac{3,100億円}{2,500億円} = 124.0\%$$

$$固定長期適合率 = \frac{固定資産}{自己資本（純資産）+ 固定負債}$$

　流動比率は、必ず当座比率以上となるので、100％以上であることが推測できる。また、固定長期適合率は、流動比率の裏側の比なので必ず100％未満になる（下図参照）。

　したがって、本問の場合、固定長期適合率の正確な数値を求めることはできないが、固定長期適合率の理想水準とされる100％未満になることは明白なので、「情報不足で判断はできない」とするのは適切とは言えない。

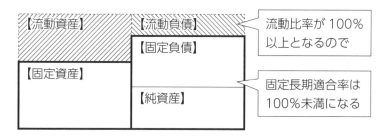

正解　4 ）

2－5　株式／損益分岐点分析

《問》損益分岐点分析に関する次の文章の空欄①および②にあてはまる語句等の組合せとして、次のうち最も適切なものはどれか。

変動費率が80％、固定費が100億円であるA社について、目標利益50億円を達成するために必要な売上高は（　①　）億円である。また、固定費を30億円増加させて変動費率を5％削減すると、損益分岐点売上高は（　②　）する。

1）①650　　②上昇
2）①650　　②低下
3）①750　　②上昇
4）①750　　②低下

・解説と解答・

$$目標売上高 = \frac{固定費＋目標利益}{1－変動費率} = \frac{100億円＋50億円}{1－80\%} = 750億円 \cdots ①$$

変動費率が80％、固定費が100億円の場合の損益分岐点は、

$$損益分岐点（売上高） = \frac{固定費}{1－変動費率} = \frac{100億円}{1－80\%} = 500億円$$

変動費率が75％、固定費が130億円になると損益分岐点は、下記のとおり上昇する。…②

$$損益分岐点（売上高） = \frac{固定費}{1－変動費率} = \frac{130億円}{1－75\%} = 520億円$$

<u>正解　3）</u>

2 － 6　株式／テクニカル分析①

《問》代表的なテクニカル分析の手法である移動平均線に関する次の記述
　　のうち、最も適切なものはどれか。
　1）短期の移動平均線が長期の移動平均線を下から上に抜けて交差する
　　　ことをゴールデン・クロスといい、株価が下落傾向に入り、買いの
　　　タイミングとされる。
　2）短期の移動平均線が長期の移動平均線を下から上に抜けて交差する
　　　ことをゴールデン・クロスといい、株価が上昇傾向に入り、売りの
　　　タイミングとされる。
　3）短期の移動平均線が長期の移動平均線を上から下に抜けて交差する
　　　ことをデッド・クロスといい、株価が上昇傾向に入り、買いのタイ
　　　ミングとされる。
　4）短期の移動平均線が長期の移動平均線を上から下に抜けて交差する
　　　ことをデッド・クロスといい、株価が下落傾向に入り、売りのタイ
　　　ミングとされる。

・解説と解答・

1）不適切である。短期の移動平均線が長期の移動平均線を下から上に抜けて
　　交差することをゴールデン・クロスといい、株価が上昇傾向に入り、買い
　　のタイミングとされる。
2）不適切である。ゴールデン・クロスは、株価が上昇傾向に入り、買いのタ
　　イミングとされる。
3）不適切である。デッド・クロスは、株価が下落傾向に入り、売りのタイミ
　　ングとされる。
4）適切である。

正解　4）

2-7 株式／テクニカル分析②

《問》テクニカル分析の元祖であるダウ理論に関する次の記述のうち、最も不適切なものはどれか。

1) ダウ理論によれば、重要な公開情報はすべて株価に反映されているため、ファンダメンタル分析の対象である企業業績も、株価に無関係ではない。

2) ダウ理論によれば、株価のトレンド（サイクル）は、1年～数年サイクルの主要（プライマリー）トレンド、3週間～3カ月サイクルの二次（セカンダリー）トレンド、3週間未満のサイクルの小（マイナー）トレンドの3つに分類される。

3) ダウ理論によれば、主要（プライマリー）トレンドは3段階からなり、先行期には価格上昇に勢いが出始め、追随期には価格が停滞して投資家が利益確定売りをし、利食い期には少数の投資家が底値買いをする。

4) ダウ理論によれば、平均は相互に確認されなければならない。つまり、ひとつの平均の指標だけでなく、複数の指標で確認しなければ、トレンドの転換点を発見することはできない。

・解説と解答・

1) 適切である。法則1「（株価の）平均はすべての事象を織り込む」についての記述である。

2) 適切である。法則2「市場のトレンド（サイクル）には3種類ある」についての記述である。

3) 不適切である。次ページのコラム、法則3「主要（プライマリー）トレンドは3段階からなる」についての解説参照。

4) 適切である。法則4「平均は相互に確認されなければならない」についての記述である。

正解　3）

> **コラム**
> ## ダウ理論

　ダウ理論は、19世紀に公表された最初のテクニカル分析の6つの法則であり、現在に至るまでその存在意義を失っていない。

法則1「（株価の）平均はすべての事象を織り込む」	株価にとって重要な公開情報は、すべて株価に反映されていると考える。ただし、いつ時点のどの株価も重要な公開情報が適正に反映されているわけではなく、異常値も存在する。しかし、平均をとることによってすべての公開情報が株価に適正に反映されるとみなせると考えた。
法則2「市場のトレンド（サイクル）には3種類ある」	主要（プライマリー）トレンド：1年～数年のサイクル 二次（セカンダリー）トレンド：3週間～3カ月のサイクル 小（マイナー）トレンド：3週間未満のサイクル
法則3「主要（プライマリー）トレンドは3段階からなる」	先行期：価格低迷期。少数の投資家が「底値買い」をする。 追随期：価格上昇期。追随者が出始めて上昇に勢いが出る。 利食い期：価格停滞期。先行期の投資家が利益確定売りをする。
法則4「平均は相互に確認されなければならない」	1つの平均の指標だけでなく、複数の指標で確認しなければトレンドの転換点を発見することはできないという考え方。
法則5「トレンドは出来高でも確認されなければならない」	テクニカル分析は過去の株価変動だけを見るはずだが、ダウ理論では、価格の補足情報として出来高にも注目し、上昇局面では出来高が増加し、下降局面では出来高が減少すると考えた。
法則6「トレンドは明確な転換シグナルが発生するまでは継続する」	ダウ理論では、上昇トレンドに入ると株価は上がり続ける、下降トレンドに入ると株価は下がり続けると考えた。テクニカル分析が有効であるとする根拠の1つである。

2－8 株式／公開情報の入手方法

《問》株式に係る公開情報の入手方法に関する次の記述のうち、最も適切なものはどれか。

1）EDINETは民間企業が運営する有価証券報告書のデータベースであり、その信憑性には留意しなければならない。

2）有価証券報告書は、金融商品取引法により上場企業等に対して作成・提出および公衆の縦覧に供することが義務付けられている。

3）決算短信は、有価証券報告書に先立ち公表される速報版であり、金融商品取引法により作成・提出および公衆の縦覧に供することが義務付けられている。

4）統合報告書は、法定の公開情報なので、その書式および内容は法令により規定されている。

・解説と解答・

1）不適切である。EDINETは金融庁が運営する公的なデータベースなので、その信憑性は高い。

2）適切である。金融商品取引法24条、25条において、上場企業等は有価証券報告書等を作成・提出することおよび公衆の縦覧に供することが義務付けられている。

3）不適切である。決算短信は、金融商品取引法により作成・提出および公衆の縦覧に供することが義務付けられているものではない。

　　ただし、日本取引所グループが定める「有価証券上場規程」において決算短信等の開示が義務付けられており、上場企業は当該規程を順守しなければならない（有価証券上場規程404条）。

4）不適切である。統合報告書は、法定の公開情報ではなく、その書式および内容は自由である。

<u>正解　2）</u>

コラム

主な公開情報の入手方法

　株式分析のための情報収集においては、信頼できる情報を得ることが第一の条件である。そのような情報として最も有用なものは、「有価証券報告書」である。有価証券報告書を閲覧する方法には、次の 2 つの方法がある。

EDINET	EDINETとは、「金融商品取引法に基づく有価証券報告書等の開示書類に関する電子開示システム」のことで、金融庁が運営している。各企業の有価証券報告書、有価証券届出書、大量保有報告書等が過去数年分開示されている。
各企業のウェブサイト	多くの企業は自社のウェブサイト上で投資家向けの情報を提供している。そこには、法定の有価証券報告書だけではなく、決算短信、アニュアル・レポート（年次報告書）、CSR報告書、統合報告書等が開示されている。また、EDINETよりも各企業のウェブサイトのほうが、過去の情報を豊富に掲載していることが多い。

〈企業の主な開示書類〉

有価証券報告書	金融商品取引法により、共通の書式での作成・提出および公衆の縦覧に供することが義務付けられている。内容に虚偽があると上場廃止の可能性がある。
決算短信	法定ではないが、証券取引所のルールで書式共通。有価証券報告書の速報版。
アニュアル・レポート、CSR報告書、統合報告書	書式は自由（企業に対する一般投資家の理解が深まるように）。

2－9　株式／決算書（財務諸表）の見方

《問》決算書（財務諸表）の見方に関する次の記述のうち、最も不適切な
ものはどれか。
1）企業が所有する不動産は、その所有目的が販売用の場合は貸借対照
　表の流動資産に計上されるが、自社使用目的の場合は、貸借対照表
　の固定資産に計上される。
2）損益計算書において、売上高から売上原価と販売費及び一般管理費
　を控除したものを、経常利益という。
3）固定資産を取得した場合、キャッシュ・フロー計算書の投資活動に
　よるキャッシュ・フローにおいて、マイナスとして表記される。
4）連結決算とは、親会社を中心とした企業グループ全体を1つの企業
　体とみなして行う決算である。

・解説と解答・

1）適切である。企業が所有する不動産は、その所有目的により貸借対照表上
　の取扱いが異なり、販売用不動産は、流動資産に区分される棚卸資産とし
　て計上され、本社ビル等の自社使用目的の不動産は、固定資産に計上され
　る。
2）不適切である。売上高から売上原価と販売費及び一般管理費を控除したも
　のを、営業利益という。また、営業利益に本業以外の活動によって発生し
　た収益（営業外収益）を加算し、そこから本業以外の活動によって発生し
　た費用（営業外費用）を減算したものを、経常利益という。
3）適切である。固定資産を取得した場合、キャッシュ・フロー計算書の投資
　活動によるキャッシュ・フローにおいてマイナス（キャッシュの減少）と
　して表記される。
4）適切である。連結決算とは、親会社を中心とした企業グループ全体を1つ
　の企業体とみなして行う決算である。一方で、単体決算とは、親会社だけ
　または子会社だけの単体で行う決算である。

正解　2）

コラム

決算書（財務諸表）の概要

　企業が作成する決算書（財務諸表）のなかで、特に重要なのが「貸借対照表（B／S）」「損益計算書（P／L）」「キャッシュ・フロー計算書」の3つである。

貸借対照表	企業のある一定時期（決算日等）における資産、負債、純資産の状態が示されており、企業の財務状況を表している。
損益計算書	企業の1会計期間における収益と費用の状態が示されており、企業の経営成績を表している。
キャッシュ・フロー計算書	企業の保有する現金および現金同等物（キャッシュ）を営業、投資、財務に3区分してその収支を計算し、1会計期間におけるキャッシュの流れを表している。

2－10　株式／主な株価指標

《問》下記の〈A社およびB社に関するデータ〉に基づき算出されるA社
株式とB社株式の主な指標に関する次の記述のうち、適切なものは
いくつあるか。なお、純資産と自己資本は等しいものとし、選択肢
の数値は表示単位の小数点以下第2位を四捨五入している。

〈A社およびB社に関するデータ〉

		A社	B社
株 価（1株当たり）		300円	1,200円
発 行 済 株 式 総 数		10億株	4億株
損益計算書	売　上　高	13,000億円	2,400億円
	経 常 利 益	600億円	700億円
	当 期 純 利 益	330億円	300億円
貸借対照表	資　　　産	6,400億円	9,000億円
	負　　　債	2,000億円	7,000億円

①A社のPERは9.1倍でB社よりも低く、A社の株価はB社よりも
割安である。
②B社のPBRは2.4倍でA社よりも高く、B社の株価はA社よりも
割高である。
③A社のROEは7.5％でB社よりも高く、A社の収益性はB社より
も高い。

1）1つ　　2）2つ　　3）3つ　　4）0（なし）

・解説と解答・

		A社	B社
PER＝	$\dfrac{株価 \times 発行済株式総数}{当期純利益}$	$\dfrac{300円 \times 10億株}{330億円}=9.09\cdots 倍 ≒ 9.1倍$	$\dfrac{1,200円 \times 4億株}{300億円}=16.0倍$
PBR＝	$\dfrac{株価 \times 発行済株式総数}{純資産}$	$\dfrac{300円 \times 10億株}{6,400億円-2,000億円}=0.68\cdots 倍 ≒ 0.7倍$	$\dfrac{1,200円 \times 4億株}{9,000億円-7,000億円}=2.4倍$
ROE＝	$\dfrac{当期純利益}{自己資本（純資産）}$	$\dfrac{330億円}{6,400億円-2,000億円}=7.5\%$	$\dfrac{300億円}{9,000億円-7,000億円}=15.0\%$

①適切である。Ａ社のPERは9.1倍で、Ｂ社のPERは16.0倍。PERが低いＡ社株式は、Ｂ社株式よりも割安といえる。

②適切である。Ｂ社のPBRは2.4倍で、Ａ社のPBRは0.7倍。PBRが高いＢ社株式は、Ａ社株式よりも割高といえる。

③不適切である。Ａ社のROEは7.5％で、Ｂ社の15.0％よりも低く、収益性はＢ社よりも低いといえる。

正解　2）

2－11　債券／債券のリスク①

《問》債券投資におけるリスクの一般的な特徴に関する次の記述のうち、最も不適切なものはどれか。

1）債券投資において、発行体の信用度、償還までの期間および利回りが同じであれば、表面利率（クーポンレート）が高い債券ほど、金利の変動による債券価格の変動率は小さい。
2）公募により発行されて不特定多数の投資家に保有され、かつ発行額が大きい債券は、流動性リスクが低いとされる。
3）債券の発行体の財務状況の悪化や経営不振などにより、償還や利払等の不履行の可能性が高まると、債券の信用格付が低下し、当該債券の最終利回りは上昇する。
4）発行体が期日より前に償還することを発行条件に織り込んだ債券を、「早期償還条項付債券」という。早期償還には定時償還と任意償還があり、任意償還は、債券保有者の請求によって償還する方法である。

・解説と解答・

1）適切である。金利変動リスクは、長期の債券ほど大きく、表面利率（クーポンレート）が低い債券ほど大きい。つまり、長期割引債の金利変動リスクが一番大きいことになる。
2）適切である。流動性リスクとは、市場において取引ができなかったり、通常よりも著しく不利な価格での取引を余儀なくされることにより損失を被るリスクをいう。相対的に、発行額が大きく、多くの投資家に保有され、信用格付が高い債券は流動性リスクが低いとされる。
3）適切である。信用リスクに関する記述である。
4）不適切である。任意償還とは、債券の発行体の意思によって償還する方法である。また、定時償還とは、債券発行時に途中の償還日、償還額、償還方法が定められたものである。

<u>正解　4）</u>

コラム
債券の主なリスク

■価格変動リスク、金利変動リスク

　発行体の状況や市場の需給関係によって債券の価格が変動することを価格変動リスク、市中の金利の変動により債券価格が変動することを金利変動リスクという。金利変動リスクの大きさを表したものがデュレーションである。割引債のデュレーションは残存年数と一致し、利付債のデュレーションは、一般に、残存年数よりも短くなる。

■信用リスク（債務不履行リスク、デフォルト・リスク）

　債券の発行体が、倒産や経営不振により債務を履行できなくなる場合がある。このリスクを信用リスク、あるいは債務不履行リスク（デフォルト・リスク）という。

■流動性リスク

　債券の保有者が、償還前に売却したいと思っても、市場において買手が現れず取引ができなかったり、通常よりも著しく不利な価格での取引を余儀なくされることにより損失を被る可能性を流動性リスクという。

■途中償還リスク

　債券の発行体が、償還期日よりも前に債券を償還することを、発行条件に織り込んだ債券がある。このような債券を、「早期償還条項付債券」という。このような場合、償還まで保有すれば得られたはずの利益を失う可能性があり、これを途中償還リスクという。

■カントリー・リスク

　外国の資産に投資する場合、その国の財政、外貨準備高、大規模自然災害、戦争、政変等が資産価値に大きく影響する。これをカントリー・リスクという。

2－12　債券／債券のリスク②

> 《問》債券の信用格付に関する次の記述のうち、最も不適切なものはどれか。
>
> 1）格付機関には、金融商品取引法に基づく登録信用格付業者と、無登録格付業者がある。
> 2）格付機関は、各々の定めた記号で格付けを行い、共通の記号というものは存在しない。ただし、多くの格付機関ではAAA（ムーディーズはAaa）を最上位として、BBB（ムーディーズはBaa）までが「投資適格銘柄」、BB（ムーディーズはBa）以下は「投機的銘柄」としている。
> 3）投資適格銘柄であっても、債券発行体に債務不履行が起こらないことを格付機関が保証しているわけではない。
> 4）債券発行時に付与された信用格付は、原則として、償還期日まで変更されることはない。

・解説と解答・

1）適切である（金融商品取引法66条の27）。
2）適切である。
3）適切である。
4）不適切である。一度信用格付が付与された後にも、債券の発行体の状況の変化に応じて、信用格付は随時変更される可能性がある。

正解　4）

■格付機関

　信用リスクの大きさを評価する第三者機関を格付機関という。複数の格付機関が存在しており、同じ債券であっても、格付機関によって付与される信用格付は異なる。

　格付機関は、金融商品取引法66条の27に基づき、内閣総理大臣の登録を受けることができる。2024年４月１日現在、登録されている信用格付業者は、次のとおりである。

・日本格付研究所（JCR）
・ムーディーズ・ジャパン
・ムーディーズSFジャパン

　　・S&Pグローバル・レーティング・ジャパン
　　・格付投資情報センター
　　・フィッチ・レーティングス・ジャパン
　　・S&PグローバルSFジャパン
　これらの登録信用格付業者は、金融庁の検査・監督を受けることになる。な
お、法的な規制を受けない無登録格付業者も存在するが、無登録格付業者が付
与した格付を顧客に提供して金融商品の勧誘を行う場合においては、あらかじ
め無登録格付業者による格付である旨等、所定の事項を顧客に説明しなければ
ならない（金融商品取引法38条3号、金融商品取引業等に関する内閣府令116
条の3）。

■格付記号

　格付機関は、各々の定めた記号を用いて格付けを行っており、共通の記号は
存在しない。ただし、多くの格付機関ではAAA（ムーディーズはAaa）を最
上位として、BBB（ムーディーズはBaa）までが「投資適格銘柄」、BB（ムー
ディーズはBa）以下は「投機的銘柄」とされている。信用格付がBBB以上で
あっても、債務不履行が起こらないことが保証されるわけではない。なお、信
用格付は債券発行体の状況に応じて随時変更される。

格付投資情報センターの長期個別債務格付の定義	
AAA	信用力は最も高く、多くの優れた要素がある。
AA	信用力は極めて高く、優れた要素がある。
A	信用力は高く、部分的に優れた要素がある。
BBB	信用力は十分であるが、将来環境が大きく変化する場合、注意すべき要素がある。
BB	信用力は当面問題ないが、将来環境が変化する場合、十分注意すべき要素がある。
B	信用力に問題があり、絶えず注意すべき要素がある。
CCC	債務不履行に陥っているか、またはその懸念が強い。債務不履行に陥った債権は回収が十分には見込めない可能性がある。
CC	債務不履行に陥っているか、またはその懸念が極めて強い。債務不履行に陥った債権は回収がある程度しか見込めない。
C	債務不履行に陥っており、債権の回収もほとんど見込めない。
出典：格付投資情報センターウェブサイト	

2－13 債券／最終利回りの計算

《問》下記の〈条件〉に基づき計算した債券の最終利回り（単利）として
次のうち、最も適切なものはどれか。なお、計算結果は表示単位の
小数点以下第3位を四捨五入すること。

〈条件〉

額　　面：100円

残存年数：3年

表面利率：年1％（年1回払）

債券価格：額面100円当たり97円

1）0.97％
2）1.06％
3）2.06％
4）3.00％

● 解説と解答 ●

債券の最終利回り（単利）は、次の算式により計算する。

$$\text{最終利回り（単利）} = \frac{\text{年間利息} + \dfrac{\text{額面} - \text{債券価格（購入価格）}}{\text{残存年数}}}{\text{債券価格（購入価格）}}$$

$$= \frac{1円 + \dfrac{100円 - 97円}{3年}}{97円}$$

$$= 2.061\cdots\% ≒ 2.06\%$$

正解　3）

コラム

債券の利回り計算方法の整理

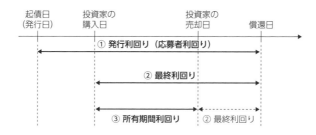

①**発行利回り（応募者利回り）**：新規発行された債券を購入して償還日まで保有した場合の利回り

$$発行利回り（応募者利回り）（単利）＝\frac{年間利息＋\dfrac{額面－発行価格}{償還年数}}{発行価格}$$

②**最終利回り**：債券が新規発行された後に途中で購入し、償還日まで保有した場合の利回り

$$最終利回り（単利）＝\frac{年間利息＋\dfrac{額面－債券価格（購入価格）}{残存年数}}{債券価格（購入価格）}$$

③**所有期間利回り**：債券を償還日まで保有せず、償還日より前に売却した場合の利回り

$$所有期間利回り（単利）＝\frac{年間利息＋\dfrac{売却価格－債券価格（購入価格）}{所有年数}}{債券価格（購入価格）}$$

2−14　債券／所有期間利回りの計算

《問》下記の〈条件〉に基づき購入した債券を、償還まで保有せず、購入
後2年経過して利息を受け取った後で、額面100円当たり99円で売
却した場合の所有期間利回り（単利）として次のうち、最も適切な
ものはどれか。なお、計算結果は表示単位の小数点以下第3位を四
捨五入すること。

〈条件〉
額　　面：100円
残存年数：3年
表面利率：年1％（年1回払い）
債券価格：額面100円当たり97円

1）1.27％
2）1.72％
3）2.06％
4）2.34％

・解説と解答・

債券の所有期間利回りは、次の算式により計算する。

$$所有期間利回り（単利）= \frac{年間利息 + \dfrac{売却価格 - 債券価格（購入価格）}{所有年数}}{債券価格（購入価格）}$$

$$= \frac{1円 + \dfrac{99円 - 97円}{2年}}{97円}$$

$$= 2.061 \cdots \% \fallingdotseq 2.06\%$$

正解　3）

2 − 15　債券／割引債の複利最終利回りの計算①

《問》下記の〈条件〉に基づき計算した割引債の債券価格（購入価格）として次のうち、最も適切なものはどれか。なお、計算結果は円未満を四捨五入すること。

〈条件〉

額　　面：1,000,000円

残存年数：4 年

最終利回り（年複利）：2.5%

1 ）905,951円

2 ）945,699円

3 ）969,010円

4 ）975,000円

● 解説と解答 ●

　割引債の複利最終利回りの算式を応用して、債券価格（購入価格）を計算する。

$$額面 ＝（1 ＋最終利回り）^{残存年数} ×債券価格（購入価格）$$

$$1,000,000円 ＝（1 ＋2.5\%）^4 ×債券価格（購入価格）$$

$$∴債券価格（購入価格）＝ \frac{1,000,000円}{（1 ＋2.5\%）^4}$$

$$＝905,950.6 \cdots 円 ≒905,951円$$

正解　1 ）

2−16 債券／割引債の複利最終利回りの計算②

《問》下記の〈条件〉に基づき計算した割引債の複利最終利回りとして次のうち、最も適切なものはどれか。なお、計算結果は表示単位の小数点以下第2位を四捨五入すること。

〈条件〉

額　　面：1,000,000円

残存年数：3年

債券価格：959,150円

1) 1.0%

2) 1.4%

3) 2.2%

4) 2.5%

・解説と解答・

割引債の複利最終利回りは、次の算式により計算する。

$$額面 = （1 +最終利回り）^{残存年数} ×債券価格（購入価格）$$

$$1,000,000円 = （1 +最終利回り）^3 ×959,150円$$

$$\therefore 最終利回り = \sqrt[3]{\frac{1,000,000円}{959,150円}} - 1$$

$$= 1.39\cdots\% \fallingdotseq 1.4\%$$

正解　2）

《**参考**》電卓で計算できない場合

　公式を解くと左記のようになるが、通常の電卓だと 3 乗根を求めることはできない。

このような場合は、選択肢の数値を代入して正解を求めることができる。

　肢 1 ）の1.0％を用いて債券価格を計算すると、

$$債券価格（購入価格）= \frac{1,000,000円}{(1+1.0\%)^3} = 970,590.1\cdots円 \fallingdotseq 970,590円$$

となり、〈条件〉の債券価格959,150円と一致しないので肢 1 ）は正解ではないことがわかる。

　肢 2 ）の1.4％を用いて債券価格を計算すると、

$$債券価格（購入価格）= \frac{1,000,000円}{(1+1.4\%)^3} = 959,149.1\cdots円 \fallingdotseq 959,150円$$

となり、〈条件〉の債券価格959,150円と一致するので肢 2 ）が正解であることがわかる。

2－17　債券／デュレーション

《問》下記の〈債券ファンドの内容〉に基づき、マコーレーの公式を用い
て計算した、最終利回り変化時に予想される債券ファンドの時価変
化として、次のうち最も適切なものはどれか。なお、計算過程およ
び計算結果は表示単位の小数点以下第3位を四捨五入すること。

〈債券ファンドの内容〉

時価総額	：80億円
構　　成	：残存7年の割引債50%、残存1年の割引債50%
現在の最終利回り	：残存7年債、残存1年債ともに年4%
最終利回りの変化	：残存7年債、残存1年債ともに年0.1%上昇

┌─ マコーレーの公式 ──────────────────────┐

$$債券価格の変化率 = \blacktriangle デュレーション \times \frac{最終利回り変化幅}{1 + 元の最終利回り}$$

└──────────────────────────────┘

1）0.40億円の上昇
2）0.30億円の上昇
3）0.30億円の下落
4）0.40億円の下落

● 解説と解答 ●

　デュレーションは、債券の平均回収期間を表すとともに債券の金利変動リス
ク（価格変動リスク）の大きさの指標であり、割引債のデュレーションは残存
年数に一致する。「マコーレーの公式」を用いることで、最終利回り変化時に
どの程度債券価格が変動するかを求めることができる。
　本問における債券ファンド全体の平均デュレーションは4年（7年×50%＋
1年×50%）となるので、

$$債券価格の変化率 = ▲デュレーション \times \frac{最終利回り変化幅}{1+元の最終利回り}$$

$$= ▲4年 \times \frac{0.1\%}{1+4\%}$$

$$= ▲0.384\cdots\% ≒ ▲0.38\%$$

$$\therefore 80億円 \times ▲0.38\% = ▲0.304億円 ≒ ▲0.30億円$$

したがって、残存 7 年債、残存 1 年債ともに年率0.1％金利が上昇すると、債券ファンドの時価総額は、0.30億円の下落となる。

正解　3）

<blockquote>コラム</blockquote>

マコーレーの公式

マコーレーの公式は、実務上、以下のように表現される。なお、修正前のデュレーションは「マコーレー・デュレーション」とも呼ばれる。

$$債券価格の変化率 = ▲デュレーション \times \frac{最終利回り変化幅}{1+元の最終利回り}$$

$$= ▲\frac{デュレーション}{1+元の最終利回り} \times 最終利回り変化幅$$

$$= ▲修正デュレーション \times 最終利回り変化幅$$

2-18 債券／コンベクシティ①

《問》コンベクシティを用いた債券価格の変化率を表した式として次のうち、最も適切なものはどれか。

1）債券価格の変化率＝コンベクシティ × $\left(\dfrac{最終利回り変化幅}{1＋元の最終利回り}\right)^2$

2）債券価格の変化率＝デュレーション × $\dfrac{最終利回り変化幅}{1＋元の最終利回り}$

$+$ コンベクシティ × $\left(\dfrac{最終利回り変化幅}{1＋元の最終利回り}\right)^2$

3）債券価格の変化率＝▲デュレーション × $\dfrac{最終利回り変化幅}{1＋元の最終利回り}$

$+$ コンベクシティ × $\left(\dfrac{最終利回り変化幅}{1＋元の最終利回り}\right)^2$

4）債券価格の変化率＝▲デュレーション × $\dfrac{最終利回り変化幅}{1＋元の最終利回り}$

$+\dfrac{1}{2}$ × コンベクシティ × $\left(\dfrac{最終利回り変化幅}{1＋元の最終利回り}\right)^2$

・解説と解答・

　コンベクシティとは、デュレーションによる債券価格の推定値の誤差を小さくするために導入した概念である。次の算式により、債券価格の変化率を推定することができる。

債券価格の変化率＝▲デュレーション × $\dfrac{最終利回り変化幅}{1＋元の最終利回り}$

$+\dfrac{1}{2}$ × コンベクシティ × $\left(\dfrac{最終利回り変化幅}{1＋元の最終利回り}\right)^2$

正解　4）

> **コラム**
>
> ## 債券価格の変化率の推定

■デュレーションのみを用いた債券価格の変化率の推定

　7 年物割引債の最終利回り（複利）が 4 ％から 5 ％に上昇したとき、債券価額は何％下落するか。まずは、デュレーションのみを用いて計算してみる。

　7 年物割引債のデュレーションは残存年数 7 年と一致するので、

$$債券価格の変化率＝▲ 7 年 × \frac{1 \%}{1 + 4 \%} ＝▲6.73076\cdots\% ≒ ▲6.7308\%$$

　この「債券価格は6.7308％だけ下落する」という推定値はどのくらい正確なのかを検証してみる。最終利回り 4 ％の時の残存 7 年の割引債の債券価格は、複利最終利回りの算式を応用すると、

$$債券価格 ＝ 額面100円 ÷ （1 + 4 \%）^{7年} ＝ 75.99178\cdots円 ≒ 75.9918円$$

となり、6.7308％下落すると75.9918円×6.7308％＝5.11485…円≒5.1149円だけ下落すると推定することができる。

　また、最終利回り 5 ％の時の残存 7 年の割引債の債券価格は、

$$債券価格 ＝ 額面100円 ÷ （1 + 5 \%）^{7年} ＝ 71.06813\cdots円 ≒ 71.0681円$$

　したがって、債券価格の下落額は、正確には71.0681円－75.9918円

　＝▲4.9237円である。

　つまり、デュレーションのみを用いた債券価格の変化率の推定には約0.1912円（5.1149円－4.9237円）の誤差があることがわかる。

　デュレーションの公式は、最終利回り変化幅に比例して、債券価格が直線的に変化することを前提にしている。4 ％から最終利回り変化が小さいときには真の値とマコーレーの推定値に大きなずれは生じないが、最終利回り変化が大きいとずれが大きくなる。

■コンベクシティを導入した債券価格の変化率の推定

　上記のようなデュレーションのみを用いた推定値の誤差を小さくするために、コンベクシティを導入する。コンベクシティは、「残存年数×（残存年数＋ 1 ）×構成割合」（年^2）により求めることができる。

　前述の残存 7 年の割引債に当てはめて、最終利回りが 4 ％から 5 ％へ変化したときの価格変化を計算してみる。残存 7 年の割引債のデュレーションは 7 年、コンベクシティは 7 年×（7 年＋ 1 ）×100％＝56年^{2}だから、

$$債券価格の変化率 = ▲7年 \times \frac{1\%}{1+4\%} + \frac{1}{2} \times 56年^2 \times \left(\frac{1\%}{1+4\%}\right)^2$$

$$= ▲6.47189\cdots\% ≒ ▲6.4719\%$$

　最終利回りが4%のときの債券価格が75.9918円で、6.4719%だけ下落するので、下落額は4.91811…円≒4.9181円になると推定することができる。正確な下落額は4.9237円なので、コンベクシティを導入することにより、誤差が0.0056円（4.9237円−4.9181円）に縮小した。

　コンベクシティは金利変化分を2乗するので、金利上昇時でも金利低下時でも債券価格を上昇させる方向に作用する。よって、他の条件が同じであるならば、金利変化の方向にかかわらずコンベクシティは大きいほうが好ましいことになる。

2 −19　債券／コンベクシティ②

《問》下記の〈債券ファンドの内容〉に基づき、最終利回り変化時に予想
　　　される債券ファンドの時価変化として、次のうち最も適切なものは
　　　どれか。なお、債券価格の変化率の計算には〈債券価格の変化率を
　　　求める公式〉を利用し、計算過程および計算結果は表示単位の小数
　　　点以下第 3 位を四捨五入すること。また、問題の性質上、明らかに
　　　できない部分は「□□□」で示してある。

〈債券ファンドの内容〉
　　時価総額　　　　：100億円
　　構　　　成　　　：すべて利付債
　　　　　　　　　　　平均残存年数 8 年
　　　　　　　　　　　平均デュレーション7.6年
　　　　　　　　　　　平均コンベクシティ65.4（年）[2]
　　現在の最終利回り：すべて年 4 ％
　　最終利回りの変化：すべて年0.1%低下

〈債券価格の変化率を求める公式〉

$$債券価格の変化率 = ▲□□□ \times \frac{最終利回り変化幅}{1 + 元の最終利回り} + \frac{1}{2} \times □□□ \times \left(\frac{最終利回り変化幅}{1 + 元の最終利回り} \right)^2$$

1 ）0.76億円の上昇
2 ）0.73億円の上昇
3 ）0.73億円の下落
4 ）0.76億円の下落

58

・解説と解答・

設問文に記載の〈債券価格の変化率を求める公式〉は、マコーレーの公式にコンベクシティを導入したものである。

債券価格の変化率 $= ▲デュレーション × \dfrac{最終利回り変化幅}{1 + 元の最終利回り}$

$$+ \frac{1}{2} × コンベクシティ × \left(\frac{最終利回り変化幅}{1 + 元の最終利回り}\right)^2$$

$$= ▲7.6年 × \frac{▲0.1\%}{1 + 4\%} + \frac{1}{2} × 65.4 \,(年)^2 × \left(\frac{▲0.1\%}{1 + 4\%}\right)^2$$

$$= 0.733\cdots\% ≒ 0.73\%$$

※「最終利回り変化幅」がプラス（上昇）ではなく、マイナス（低下）であることに注意。

$$∴ 時価総額100億円 × 変化率0.73\% = + 0.73億円$$

したがって、年0.1％最終利回りが低下すると、債券ファンドの時価総額は、0.73億円の上昇となる。

正解　2）

2 − 20　債券／イールド・カーブ

《問》下記の図 a ～ d に示したイールド・カーブに関する次の記述のうち、最も適切なものはどれか。なお、問題の性質上、明らかにできない部分は「□□□」で示してある。

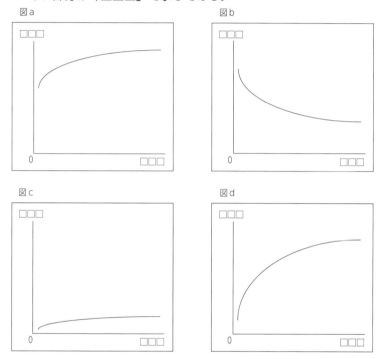

1）図 a は、現在も将来も経済状況が不安定で、債券市場が将来の経済成長率やインフレ率があまり上昇しないことを織り込んでいるときのイールド・カーブである。

2）図 b は、逆イールドで、短期金利が長期金利よりも高くなる長短金利逆転現象を表している。

3）図 c は、現在の経済状況において、債券市場が将来の経済成長率やインフレ率の大幅な上昇への期待を織り込んでいるときのイールド・カーブである。

4）図 d は、時間の経過とともに債券価格が上昇していく様子を表している。

・解説と解答・

1）不適切である。図 a は、現在も将来も好景気であり、現在の経済状況が安
　　定的に維持されることを表している。
2）適切である。図 b は逆イールドで、短期金利が長期金利よりも高い長短金
　　利逆転現象を表している。
3）不適切である。図 c は現在の経済状況において、債券市場が将来の経済成
　　長率やインフレ率があまり上昇しないということを織り込んでいるときの
　　イールド・カーブである。現在の低金利政策が長期化するとの市場期待を
　　表したイールド・カーブである。
4）不適切である。図 d は順イールドで、残存年数が長い債券ほど利回りが高
　　く、かつ長短金利差が大きいことを表している。

正解　2）

コラム

イールド・カーブの特性

　イールド・カーブは、横軸に「債券の残存年数」、縦軸に「債券の最終利回
り」をとり、債券の残存期間と利回りの関係を示すグラフである。通常、「短
期金利＜長期金利」なので、イールド・カーブは右上がりである（順イール
ド）。市場環境により、「短期金利＞長期金利」になることがあり、これを長短
金利逆転現象といい、イールド・カーブが右下がりになる（逆イールド）。
　また、イールド・カーブの傾きの変化をツイスト（twist、ねじれ）といい、
傾きが小さくなる（長短金利差が小さくなる）ことをフラット（flat）化、傾
きが大きくなる（長短金利差が大きくなる）ことをスティープ（steep）化と
いう。
　なお、イールド・カーブの形状は、経済予測とも関連する。短期金利は現在
の経済状況、長期金利は（現時点における）将来の経済状況予想と関連する。
好景気なら高金利、不景気なら低金利である。

2 −21　債券／ローリング・イールド

《問》下記の〈現在のイールド・カーブ〉が将来にわたり一定であると仮定した場合、残存年数 3 年の割引債を購入して 1 年間保有した場合の利回りとして、次のうち最も適切なものはどれか。なお、計算結果は、表示単位の小数点以下第 2 位を四捨五入すること。

〈現在のイールド・カーブ〉

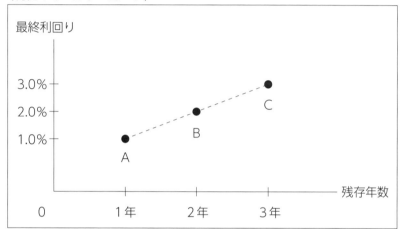

　現在のイールド・カーブから算出される割引債の額面100円当たりの債券価格は、次のとおり。

　　残存 3 年物割引債：91.51円
　　残存 2 年物割引債：96.12円
　　残存 1 年物割引債：99.01円

1 ）3.0%
2 ）4.0%
3 ）5.0%
4 ）6.0%

・解説と解答・

　現在の残存３年物の割引債の債券価格は91.51円。１年後、保有する割引債の残存年数は１年短くなって２年となる。イールド・カーブが将来にわたり一定であるという仮定から、保有する割引債の価格は96.12円に上昇していることとなる。

　したがって、１年間の利回りは、

$$\frac{96.12円 - 91.51円}{91.51円} = 5.03\cdots\% \fallingdotseq 5.0\%$$

　このように、イールド・カーブの形状が将来にわたり一定であると仮定した場合の所有期間利回りを、ローリング・イールドという。

正解　３）

2-22　投資信託／投資信託の分類

> 《問》投資信託に関する次の記述のうち、最も適切なものはどれか。
> 1）J-REITは、主に不動産を投資対象とする投資信託であり、日本で上場しているJ-REITはすべて契約型投資信託（委託者指図型投資信託）である。
> 2）株式を1株でも組み入れることができる投資信託を株式投資信託というため、1株も株式が組み入れられていない投資信託はすべて、投資信託契約上、公社債投資信託に分類される。
> 3）マクロ的な環境要因等を基に国別組入比率や業種別組入比率などを決定し、その比率に応じて個別銘柄の選定を行い、ポートフォリオを構築する手法をトップダウン・アプローチという。
> 4）企業の将来の売上高や利益の成長性が市場平均よりも高い銘柄を選定する運用手法であるグロース投資は、市場平均と比較して配当利回りの高い銘柄中心のポートフォリオとなる傾向がある。

● 解説と解答 ●

1）不適切である。現在日本で上場しているJ-REITは、契約型投資信託（委託者指図型投資信託）ではなく、会社型投資信託である。

　　なお、投資信託は制度上、会社型投資信託と契約型投資信託に分類される。会社型投資信託とは、投資を目的とする法人（投資法人）を設立することによって組成される投資信託であり、契約型投資信託とは、投資信託委託会社と信託銀行等が投資信託契約を締結することにより組成される投資信託である。

2）不適切である。株式を1株でも組み入れることができる投資信託を株式投資信託という。実際には1株も株式が組み入れられていない投資信託であっても、投資信託契約上の投資対象に株式が含まれていれば、株式投資信託に分類されることとなる。

　　なお、公社債投資信託とは、投資対象に株式をいっさい組み入れず、投資信託及び投資法人に関する法律上、国債、地方債、コマーシャル・ペーパー等に投資対象が限定されている投資信託をいう（投資信託及び投資法人に関する法律4条、同法施行規則6条1項3号、8条2号、13条）。例えば、MRFのように投資資金を滞留させておくための追加型公社債投資

信託で、流動性と安全性を確保したものがある。

3）適切である。なお、各銘柄の投資指標の分析や企業業績などのリサーチによって銘柄を選定し、その積上げによってポートフォリオを構築する手法をボトムアップ・アプローチという。

4）不適切である。成長性の高い企業は投資のための資金需要が大きく、配当は抑える傾向にある。したがって、グロース投資を行うと、市場平均と比較して配当利回りは低く、PER（株価収益率）が高いポートフォリオとなることが多い。

　なお、個別銘柄の割安性を重視して銘柄選定を行う手法をバリュー投資という。割安株は、業績や収益の水準が株価に適正に反映されず、相対的に割安のまま放置されている銘柄である。そのため、将来的にその価値が適正に評価されれば、株価の上昇が期待される。

<u>正解　3）</u>

2-23 投資信託／レーティング（格付）

《問》投資信託のレーティング（格付）に関する次の記述のうち、適切な
ものはいくつあるか。

① 投資信託のレーティングは、設定されているすべての投資信託を運
用成績で順位付けしたものである。
② 投資信託のレーティングは、異なる分類の投資信託を比較するのに
適している。
③ 投資信託のレーティングにおいては、過去の成績を評価対象として
おり、将来の成績予測は評価対象としていない。
④ 投資信託のレーティングにおいては、一般に、分配金を加味したリ
ターンを評価対象としている。

1）1つ　　2）2つ　　3）3つ　　4）4つ

・解説と解答・

　投資信託のレーティング（格付）は法令に基づいて行われているわけではな
く、さまざまな投資信託の評価機関が、独自の基準による投資信託のレーティ
ングを公表している。また、分配型投資信託の運用能力を正しく評価するた
め、一般に、分配金を加味したリターンが用いられている。
①不適切である。投資信託のレーティングは、すべての投資信託を対象として
　いるのではなく、トラックレコードの長さや純資産残高等で評価対象を絞っ
　たうえで、特性の似た投資信託を分類し、その相対比較によって行われる。
　そのため、異なる分類の投資信託の比較に用いることは適当でない。
②不適切である。①の解説を参照。
③適切である。投資信託のレーティングにおいては、将来の成績予測ではな
　く、過去の成績を評価対象とする。また、運用成績等を評価する定量レー
　ティングに加え、運用体制や組織体制等を評価する定性レーティングも行わ
　れている。
④適切である。毎月分配型の投資信託と無分配の投資信託の比較を適正に行う
　ため、一般に、分配金を加味したリターンを評価対象としている。

正解　2）

《参考》R&I 定量投信レーティングの概要

- R&I投信分類ごとに相対評価します。
- 評価期間は1年（52週）、3年（36カ月）、10年（120カ月）の3種類です。
- シャープ・レシオ（※）に基づいて、評価期間ごとに「5」（最高位）から「1」まで付与します。
- 評価月末の純資産残高が30億円未満のファンドについては、レーティングの後ろに（*）が付きます。
- リターン・リスクについて評価期間ごとに「高位」（相対的に高リターンもしくは高リスク）から「低位」（相対的に低リターンもしくは低リスク）まで5段階で表示します（補助指標）。
- 評価期間が1年（52週）の場合は月次を週次に読み替えて算出します。

※シャープ・レシオは以下の式で求めます。

$$\frac{ファンドの平均超過リターン（対無リスク資産金利）}{月次リターンの標準偏差}$$

出典：格付投資情報センターウェブサイト

2−24　投資信託／基準価額の計算

《問》年1回決算型の株式投資信託において、〈分配があった場合の基準価額〉を参考に、同じ株式投資信託について、分配がなかった場合の3年後の基準価額（①）を計算したものとして次のうち、最も適切なものはどれか。このとき、分配がなかった場合の基準価額の騰落率は、分配があった場合の基準価額の騰落率と同じとすること。なお、問題の性質上、明らかにできない部分は「□□□」で示してある。また、手数料・税金等は考慮しないこととする。

〈分配があった場合の基準価額〉
（単位：円）

	分配金	基準価額	騰落率
開始時	—	10,000	—
1年後	—	10,500	□□□%
分配	500	10,000	—
2年後	—	12,000	□□□%
分配	500	11,500	—
3年後	—	13,800	□□□%
累計	1,000	(※2)14,800	—

〈分配がなかった場合の基準価額〉
（単位：円）

	分配金	基準価額	騰落率
開始時	—	10,000	—
1年後	—	□□□	□□□%
分配	0	□□□	—
2年後	—	□□□	□□□%
分配	0	□□□	—
3年後	—	（　①　）	□□□%
累計	0	(※2)□□□	—

※1　数値はすべて1万口当たりとする。
※2　分配金の累計と3年後の基準価額を合計した金額。

1）13,800円
2）14,100円
3）14,750円
4）15,120円

68

・解説と解答・

〈分配があった場合の基準価額〉　　　　〈分配がなかった場合の基準価額〉
（単位：円）　　　　　　　　　　　（単位：円）

	分配金	基準価額	騰落率
開始時	－	10,000	－
1年後	－	10,500	5 %
分配	500	10,000	－
2年後	－	12,000	20%
分配	500	11,500	－
3年後	－	13,800	20%
累計	1,000	(※2)14,800	－

	分配金	基準価額	騰落率
開始時	－	10,000	－
1年後	－	10,500	5 %
分配	0	10,500	－
2年後	－	12,600	20%
分配	0	12,600	－
3年後	－	(①15,120)	20%
累計	0	(※2)15,120	－

※1　数値はすべて1万口当たりとする。
※2　分配金の累計と3年後の基準価額を合計した金額。

<u>正解　4）</u>

2 −25　投資信託／トータルリターン

《問》投資経験のある個人顧客 X は、ファンド A を100万口購入し、分配金受取型を選択して特定口座（源泉徴収あり）で保有している。このとき、X が保有するファンド A について、運用開始から 3 年後におけるトータルリターンを計算したものとして次のうち、最も適切なものはどれか。なお、トータルリターンの計算にあたり、分配金については税引後手取額を加算することとし、計算過程および計算結果は円未満切捨てとすること。また、問題の性質上、明らかにできない部分は「□□□」で示してある。

〈ファンド A の内容〉
・公募追加型株式投資信託（年 1 回決算）
・購入時手数料は、購入申込受付日の基準価額に対し3.3%（税込）
・信託財産留保額は、換金申込受付日の基準価額に対し0.3%
・分配金に対する源泉徴収税率は、所得税および復興特別所得税が15.315%、住民税が 5 %

〈個人顧客 X の取引推移〉

	基準価額	分配金	取引内容	取引金額（評価金額）
運用開始時	10,000円	−	100万口購入	□□□円
1 年後	10,500円	−	−	−
分配	10,000円	500円	分配金受取	□□□円
2 年後	12,000円	−	−	−
分配	11,500円	500円	分配金受取	□□□円
追加購入	11,500円	−	100万口購入	□□□円
3 年後	13,800円	−	−	□□□円

※「取引金額（評価金額）」を除き、 1 万口当たりの金額

1 ）　356,242円
2 ）　520,230円
3 ）　618,736円
4 ）　733,950円

・解説と解答・

・購入金額（買付金額）を求める

約定金額 ：10,000円÷1万口×100万口＝1,000,000円

購入時手数料金額（税込）：1,000,000円×3.3％＝33,000円

購入金額（清算金額） ：1,000,000円＋33,000円＝1,033,000円…①

・1年後の分配金手取額（源泉徴収後）を求める

全額が普通分配金なので、

所得税および復興特別所得税

：500円÷1万口×100万口×15.315％＝7,657.5円≒7,657円

住民税：500円÷1万口×100万口× 5％＝2,500円

1年後の分配金手取額：500円÷1万口×100万口－（7,657円＋2,500円）

＝39,843円…②

・2年後の分配金手取額（源泉徴収後）を求める

全額が普通分配金なので、1年後の分配金手取額と同額となり39,843円…③

・追加購入金額（買付金額）を求める

約定金額：11,500円÷1万口×100万口＝1,150,000円

購入時手数料（税込）：1,150,000円×3.3％＝37,950円

購入金額（清算金額）：1,150,000円＋37,950円＝1,187,950円…④

・3年後の評価金額を求める（売却していないため、信託財産留保額は控除しない）

13,800円÷1万口×200万口＝2,760,000円…⑤

・トータルリターンを求める

日本証券業協会が定める「協会員の投資勧誘・顧客管理等に関する規則（2024年1月16日改訂）」によれば、トータルリターンは「（評価金額（⑤）＋累計受取分配金額（②＋③）＋累計売付金額）－累計買付金額（①＋④）」により算出するので、

∴トータルリターン＝ ｛⑤＋（②＋③）｝ －（①＋④）

＝ ｛2,760,000円＋（39,843円＋39,843円）｝

－（1,033,000円＋1,187,950円）

＝618,736円

正解　3）

2 －26　投資信託／ドルコスト平均法

《問》ある投資信託を 6 万円ずつ購入しようとする場合の各回の購入単価
（ 1 万口当たり基準価額）が〈基準価額の推移〉のとおりであると
きの 1 万口当たりの平均購入単価として、次のうち最も適切なもの
はどれか。なお、手数料等は考慮せず、計算結果は円未満を四捨五
入すること。

〈基準価額の推移〉

	第 1 回購入時	第 2 回購入時	第 3 回購入時	第 4 回購入時
基準価額（ 1 万口当たり）	8,000円	7,500円	10,000円	12,000円

1 ）　8,344円
2 ）　9,057円
3 ）　9,906円
4 ）10,120円

・解説と解答・

　投資時期を分散する代表的な手法であるドルコスト平均法についての問題で
ある。ドルコスト平均法は、有価証券、商品、金などのように価格が変動する
資産を定期的に購入する際に、毎回の投資金額を一定額とする方法である。そ
うすることで、価格が安いときにはより多くの量を、価格が高いときにはより
少ない量を買い付けることとなり、等口数投資と比べて平均購入単価を引き下
げることができる。

	基準価額（ 1 万口当たり）	投資額	口数（投資額÷基準価額）
第 1 回	8,000円	6 万円	7.5万口
第 2 回	7,500円	6 万円	8 万口
第 3 回	10,000円	6 万円	6 万口
第 4 回	12,000円	6 万円	5 万口
合　計		24万円	26.5万口

∴ 1 万口当たりの平均購入単価＝24万円÷26.5万口× 1 万口

$$＝9,056.6…円≒9,057円$$

<u>正解　 2 ）</u>

2−27 証券税制／法人税の基礎知識

《問》下記の〈条件〉から算出される法人所得（①）として次のうち、最も適切なものはどれか。なお、受取配当金の益金不算入割合は100％とすること。また、問題の性質上、明らかにできない部分は「□□□」で示してある。

〈条件〉 （単位：百万円）

損益計算書		法人税申告書	
収益		益金	
受取配当金	10	□□□	□□□
売上その他	9,000	売上その他	9,000
費用		損金	
減価償却費限度超過額	▲60	□□□	□□□
その他費用	▲8,150	その他費用	▲8,150
税引前利益	800	法人所得	（ ① ）

1）780百万円
2）790百万円
3）800百万円
4）850百万円

● 解説と解答 ●

〈条件〉 （単位：百万円）

損益計算書		法人税申告書		
収益		益金		受取配当金は益金不算入
受取配当金	10	受取配当金	0	
売上その他	9,000	売上その他	9,000	
費用		損金		限度超過額は損金不算入
減価償却費限度超過額	▲60	減価償却費限度超過額	0	
その他費用	▲8,150	その他費用	▲8,150	
税引前利益	800	（法人）所得	850	

〈条件〉欄の損益計算書に記載の「受取配当金」は益金不算入割合100％、「減価償却費限度超過額」は損金不算入のため、法人所得を計算する際に申告調整を行う。

法人所得 = 税引前利益 − 益金不算入額 + 損金不算入額

= 800百万円 − 10百万円 + 60百万円

= 850百万円

正解　4)

コラム

法人所得の計算方法

　法人税の課税所得金額は、益金の額から損金の額を控除して計算するとされているが、実務上は、企業会計の損益計算書で収益から費用を控除して計算した当期純利益（税引前）に、企業会計と法人税の異なる部分を調整（税務調整）して算出する。税務調整には、決算調整と申告調整がある。

■**決算調整**：法人税申告書を作成するにあたり、決算時点において行う経理処理を決算調整という。申告書上での調整はすべての項目について認められているわけではなく、損益計算書上で費用として計上（決算調整）していることを条件に、申告書上の調整が認められている項目がある。主な決算調整項目は次のとおり。

　　①減価償却資産および繰延資産の償却費の損金算入

　　②引当金繰入額および準備金積立額の損金算入

　　③圧縮記帳に関する損金算入　等

■**申告調整**：法人税申告書（別表四）上で行う、当期純利益（税引前）から法人税法上の課税所得金額を導くために行う調整を申告調整という。主な申告調整項目は次のとおり。

加算項目

　　①償却費の限度超過額の損金不算入

　　②引当金の繰入限度超過額の損金不算入

　　③定期同額給与等に該当しない役員給与の損金不算入

　　④交際費の損金不算入

　　⑤寄付金の限度超過額の損金不算入　　　等

減算項目

　　①還付金等の益金不算入

　　②受取配当金の益金不算入　　　等

　　※受取配当金は、持株割合により不算入割合が異なる（法人税法23条）。

2－28　証券税制／株式投資に係る所得税

《問》株式投資等に係る税務に関する次の記述のうち、最も適切なものは
どれか。
1）上場株式の配当金を受け取った場合は、原則として、配当所得とし
て総合課税の対象となるが、納税者の選択により、申告分離課税ま
たは申告不要を選択することができる。
2）上場株式の配当金の課税方法について申告分離課税を選択した場合
は、配当控除（税額控除）を適用することができる。
3）株式を売却して利益が生じた場合は譲渡所得の対象となり、原則と
して、株式の譲渡所得は申告不要とされ、投資家自身が確定申告を
する必要はない。
4）個人が公募株式投資信託を売却したことにより生じた譲渡損失は、
同一年中に生じた上場株式等の譲渡益と損益通算をすることはでき
ない。

・解説と解答・

1）適切である。上場株式の配当金を受け取った場合は、原則として、配当所
得として総合課税の対象となる。ただし、納税者の選択により、次の表の
とおりの取扱いとすることができる（タックスアンサーNo.1330）。

株式の区分	所得税および復興特別所得税	住民税
一定の上場株式等 （持株割合３％以上の株主を除く）	総合課税、申告分離課税または申告不要	総合課税、申告分離課税または申告不要
上記以外の株式	総合課税^{（※）}	総合課税

（※）　１回に支払を受けるべき金額が一定金額以下の配当金については、
申告不要を選択することができる。

2）不適切である。配当控除の適用を受けるためには、受け取った株式の配当
金の課税方法について、総合課税を選択する必要がある（タックスアン
サーNo.1250）。

なお、配当金の課税方法について、申告分離課税を選択した場合は、配
当控除を適用することはできないが、その年分の上場株式等の譲渡所得等
の金額の計算上生じた損失の金額や、その年の前年以前３年間の各年に生

じた上場株式等の譲渡損失の繰越控除額を配当所得等の金額（申告分離課税を選択したものに限る）から控除することができる（タックスアンサーNo.1331）。

3）不適切である。株式を売却して利益が生じた場合は、原則として、譲渡所得として申告分離課税の対象となる（タックスアンサーNo.1463）。ただし、金融機関に特定口座を設定し、源泉徴収選択口座とした場合に、当該特定口座で生じた上場株式等の譲渡益については、投資家自身は確定申告を不要とすることができる（タックスアンサーNo.1476）。

4）不適切である。所得税法上、公募株式投資信託は上場株式等に区分されるため、同一年中に生じた公募株式投資信託の譲渡損失と上場株式の譲渡益は、損益通算することができる（タックスアンサーNo.1463、1465）。

<u>正解　1）</u>

2 - 29　証券税制／新しいNISA制度

《問》2024年に始まった非課税口座内の少額上場株式等に係る配当所得及び譲渡所得等の非課税措置（以下、「NISA」という）に関する次の記述のうち、最も不適切なものはどれか。なお、本問においては特定累積投資勘定を「つみたて投資枠」、特定非課税管理勘定を「成長投資枠」という。

1）新しいNISA制度では、つみたて投資枠が年120万円、成長投資枠が年240万円とされ、これらを併用すると年間投資上限額の合計が360万円に拡充されることとなる。

2）新しいNISA制度が恒久的な措置とされたことに伴い、年間投資上限額とは別に、新たに一生涯にわたる非課税限度額が設けられ、つみたて投資枠と成長投資枠の合計で1,200万円までとされた。

3）2023年末までに現行の一般NISAおよびつみたてNISAにおいて投資した金融商品については、新しいNISA制度における非課税限度額の枠外で、現行の取扱いを継続することができる。

4）新しいNISA制度を活用して上場株式に投資をしようとする場合は、成長投資枠でのみ投資することができる。

・解説と解答・

1）適切である。新しいNISA制度では、つみたて投資枠については、現行のつみたてNISA（年40万円）の3倍となる年120万円、成長投資枠については、現行の一般NISA（年120万円）の2倍となる年240万円まで、年間投資上限額が拡充されることとなる。

2）不適切である。新しいNISA制度における一生涯にわたる非課税限度額は、つみたて投資枠と成長投資枠の合計で1,800万円とされる。ただし、成長投資枠については、1,200万円が上限とされる。

　　なお、非課税保有限度額は、買付け残高（簿価残高）で管理される。NISA口座内の商品を売却した場合、当該商品の簿価分の非課税枠について、売却した翌年以降再利用できる。

3）適切である。ただし、現行の一般NISAおよびつみたてNISA制度から新しいNISA制度へロールオーバーすることはできない。

4）適切である。新しいNISA制度のつみたて投資枠では、積立・分散投資に

適しているとされる一定の投資信託（現行のつみたてNISA制度対象商品と同様）のみ保有することができ、上場株式やその他の投資信託は、成長投資枠で保有することとなる。

正解　2）

コラム

2024年以降のNISA制度

■2024年以降のNISA制度の詳細

	つみたて投資枠	併用可	成長投資枠
非課税保有期間	無制限		無制限
制度（口座開設期間）	恒久化		恒久化
年間投資枠	120万円		240万円
非課税保有限度額 （総枠）	1,800万円		
			1,200万円（内数）
投資対象商品	長期の積立・分散投資に適した一定の投資信託（※1）		上場株式・投資信託等（※2）
対象年齢	18歳以上		18歳以上

※1　金融庁の基準を満たした投資信託に限定

※2　①整理・監理銘柄、②信託期間20年未満、毎月分配型の投資信託およびデリバティブ取引を用いた一定の投資信託等を除外

※3　2023年末までに、つみたてNISAおよび一般NISAの口座において投資した商品は、2024年1月以降はNISAの外枠で管理され、2023年までのNISA制度における非課税措置が適用される

出典：金融庁ウェブサイト

第3章

現代ポートフォリオ理論

3－1　個別証券のリスクとリターン

《問》下記の〈ファンドAの基準価額データ〉に基づき計算した、ファンドAの20X0年12月末〜20X4年12月末までの事後収益率の①相加平均値と②標準偏差の組合せとして、次のうち最も適切なものはどれか。なお、計算にあたっては各年の騰落率を事後収益率として用いることとし、計算過程および計算結果は表示単位の小数点以下第3位を四捨五入すること。また、問題の性質上、明らかにできない部分は「□□□」で示してある。

〈ファンドAの基準価額データ〉

	基準価額 （年末の価額）	事後収益率 （騰落率）
20X0年12月末	1,000円	－
20X1年12月末	800円	□□□％
20X2年12月末	1,000円	□□□％
20X3年12月末	1,200円	□□□％
20X4年12月末	1,020円	□□□％
	事後収益率の相加平均値	（　①　）

※基準価額は1万口当たりの金額。

1）①　2.50％　②20.16％
2）①　2.50％　②24.20％
3）①▲6.00％　②20.16％
4）①▲6.00％　②24.20％

・解説と解答・

	基準価額 (年末の価額)	増減額	事後収益率 R	偏差 R－①	$(R－①)^2÷4$
20X0年12月末	1,000円	－	－	－	－
20X1年12月末	800円	▲200円	▲20.00%	▲22.50%	126.56(%)^2
20X2年12月末	1,000円	＋200円	25.00%	22.50%	126.56(%)^2
20X3年12月末	1,200円	＋200円	20.00%	17.50%	76.56(%)^2
20X4年12月末	1,020円	▲180円	▲15.00%	▲17.50%	76.56(%)^2
事後収益率の相加平均値（①）			2.50%	合計（分散）	406.24(%)^2
				②標準偏差（＝$\sqrt{分散}$）	≒20.16%

※1％＝0.01なので、1（％）^{2}＝1％×1％＝0.01×0.01＝0.0001を表している。
※基準価額は1万口当たりの金額。

公式にあてはめると、次のようになる。

$$事後収益率の相加平均値＝\Sigma\left(\frac{当年末の基準価額－前年末の基準価額}{前年末の基準価額}\right)÷年数$$

$$=\left(\frac{800円－1,000円}{1,000円}+\frac{1,000円－800円}{800円}+\right.$$

$$\left.\frac{1,200円－1,000円}{1,000円}+\frac{1,020円－1,200円}{1,200円}\right)÷4$$

$$=（▲20.00％＋25.00％＋20.00％＋▲15.00％）÷4$$

$$=2.50％\cdots①$$

$$分散＝\Sigma\{(事後収益率－事後収益率の相加平均値)^2÷年数\}$$

$$=（▲20.00％－2.50％）^2÷4＋（25.00％－2.50％）^2÷4$$

$$＋（20.00％－2.50％）^2÷4＋（▲15.00％－2.50％）^2÷4$$

$$≒126.56（％）^2＋126.56（％）^2＋76.56（％）^2＋76.56（％）^2$$

$$=406.24（％）^2$$

$$標準偏差＝\sqrt{分散}＝\sqrt{406.24（％）^2}＝20.155\cdots％≒20.16％\cdots②$$

正解　1）

3－2　正規分布

> 《問》資産運用における収益率の正規分布の考え方に関する次の記述のう
> ち、最も不適切なものはどれか。なお、収益率および標準偏差の数
> 値はすべて年率とする。
> 1）収益率の出現確率が正規分布に従うと仮定した場合、ポートフォリ
> オの実際の収益率が期待収益率を上回る確率と下回る確率は、とも
> に50％である。
> 2）収益率の出現確率が正規分布に従うと仮定した場合、期待収益率が
> 　3％、標準偏差が2％のポートフォリオAの1年後の収益率が1％
> から5％の範囲内となる確率は、約68％とされる。
> 3）収益率の出現確率が正規分布に従うと仮定した場合、期待収益率が
> 　5％、標準偏差が3％のポートフォリオBは、約95％の確率で1年
> 後の収益率が▲1％から11％の範囲内となるとされる。
> 4）収益率の出現確率が正規分布に従うと仮定した場合、期待収益率が
> 　3％、標準偏差が2％のポートフォリオAの1年後の収益率が7％
> を上回る確率は、約4.6％とされる。

・解説と解答・

1）適切である。期待収益率は、正規分布の平均値とされる。
2）適切である。収益率の出現確率が正規分布に従う場合、ポートフォリオの
　1年後の収益率は68.27％の確率で期待収益率±1×標準偏差の範囲に入
　るとされる。
　　したがって、ポートフォリオAの1年後の収益率は、68.27％の確率で
　1％から5％（期待収益率3％±1×標準偏差2％）の範囲内になると考
　えられる。
3）適切である。収益率の出現確率が正規分布に従う場合、ポートフォリオの
　1年後の収益率は95.45％の確率で期待収益率±2×標準偏差の範囲に入
　るとされる。
　　したがって、ポートフォリオBの1年後の収益率は、95.45％の確率で
　▲1％から11％（期待収益率5％±2×標準偏差3％）の範囲内になると
　考えられる。
4）不適切である。収益率の出現確率が正規分布に従う場合、ポートフォリオ

の１年後の収益率は95.45％の確率で期待収益率±２×標準偏差の範囲に入るとされる。つまり、ポートフォリオＡの１年後の収益率は、95.45％の確率で▲１％から７％（期待収益率３％±２×標準偏差２％）の範囲内になると考えられる。

　このとき、ポートフォリオＡの１年後の収益率が▲１％未満または７％超となる確率は、１－95.45％＝4.55％となり、７％超となる確率は4.55％÷２＝2.275％と考えられる。

正解　４）

コラム

正規分布の考え方

　正規分布とは、平均値を中心とした左右対称の釣鐘型のグラフである。予想収益率と標準偏差の関係をグラフにあてはめると、期待収益率（予想収益率の平均値）を中心とした次のようなグラフとなる。グラフは、収益率の出現確率が正規分布に従う場合、実際の収益率が期待収益率±１×σ（標準偏差）の範囲となる確率が68.27％、期待収益率±２×σ（標準偏差）の範囲となる確率が95.45％となることを示している。

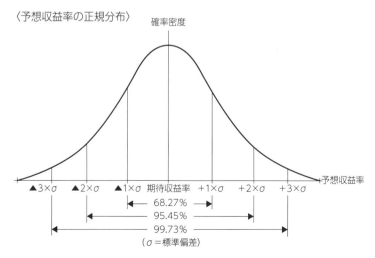

〈予想収益率の正規分布〉

3-3 2資産間の相関関係

《問》下記の〈各資産間のリターンの相関係数〉に基づき2資産で構築したポートフォリオのリターン（期待収益率）とリスク（標準偏差）に関する次の記述のうち、最も適切なものはどれか。

〈各資産間のリターンの相関係数〉

	A社株式	B社株式	C社株式
A社株式	－	▲0.7	0.9
B社株式	▲0.7	－	0.0
C社株式	0.9	0.0	－

1）A社株式とB社株式のリターンは負の相関関係にあり、この2資産からなるポートフォリオのリターンとリスクはともにそれぞれの加重平均より小さくなる。

2）B社株式とC社株式のリターンは無相関であるため、分散投資によるリスク低減効果はなく、この2資産からなるポートフォリオのリターンとリスクはともにそれぞれの加重平均となる。

3）A社株式を70％、B社株式を30％組み入れたポートフォリオⅰと、A社株式を70％、C社株式を30％組み入れたポートフォリオⅱを比較すると、B社株式とC社株式のリスクが等しい場合、ポートフォリオⅰのリスクはポートフォリオⅱのリスクより大きくなる。

4）A社株式とB社株式のリターンは負の完全相関ではないため、組入比率を調整したとしても、この2資産からなるポートフォリオのリスクをゼロにすることはできない。

・解説と解答・

1）不適切である。ポートフォリオのリターンは、相関係数の大小によらず、組入資産のリターンの加重平均となる。

2）不適切である。組入資産のリターンの相関係数が1未満であれば、分散投資効果により、ポートフォリオのリスクは組入資産のリスクの加重平均より小さくなる。なお、ポートフォリオのリターンは、相関係数の大小によらず、組入資産のリターンの加重平均となる。

3）不適切である。組入資産の組入比率およびリスクが同じであれば、組み入れた2資産のリターンの相関係数が小さいほど、ポートフォリオのリスクは小さくなる。したがって、本肢の場合は、A社株式とC社株式のリターンの相関係数と比べて、A社株式とB社株式のリターンの相関係数のほうが小さいため、ポートフォリオⅰのリスクはポートフォリオⅱのリスクよりも小さくなる。

4）適切である。理論上、組入資産の組入比率を調整することによりポートフォリオのリスクをゼロとすることができるのは、組み入れた2資産の収益率の相関係数が▲1の場合であって、2資産のリスク・組入比率が特定の値となる場合である（下記コラムを参照）。

<u>正解　4）</u>

コラム

相関係数とは

　2資産間相互のリターンの連動性を測る場合、相関係数によることが一般的である。相関係数は、＋1から▲1（マイナス1）までの値を示す。2資産のリターンの相関係数が＋1（正の完全相関）に近いほど増加・減少の傾向が一致する。また、2資産のリターンの相関係数が▲1（負の完全相関）に近いほど増加・減少の傾向が逆方向になる。

　2資産からなるポートフォリオのリターンは、その2資産のリターンの相関係数の大小にかかわらず、2資産のリターンの加重平均となる。このポートフォリオのリスクは、2資産のリターンの相関係数が＋1の場合は2資産のリスクの加重平均となるが、それ以外の場合は分散投資によるリスク低減効果により、2資産のリスクの加重平均未満となる。

　特に、相関係数が▲1である資産A、Bからなるポートフォリオのリスクσ_Pは、資産A、Bの組入比率をw_A、w_Bとし、資産A、Bのリスクをσ_A、σ_Bとすると、$\sigma_P = \sqrt{(w_A \sigma_A - w_B \sigma_B)^2}$となるので、$w_A : w_B = \sigma_B : \sigma_A$となるような組入比率に対しては、ポートフォリオのリスクは、理論上ゼロとなる。

3－4　最適ポートフォリオの考え方①（効用無差別曲線）

《問》リスク回避型の投資家の効用無差別曲線として、次のうち最も適切なものはどれか。なお、グラフ i ）～iv）は、投資家の効用を数値化し、同じ効用（満足度）になるリスクとリターンの組合せを結んだ曲線を表している。

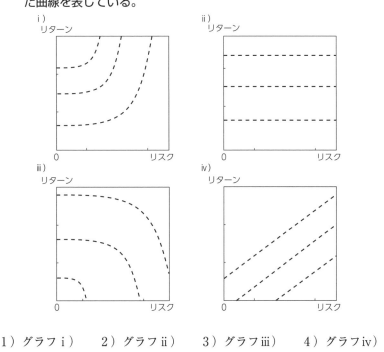

　1）グラフ i ）　　2）グラフ ii ）　　3）グラフ iii ）　　4）グラフ iv）

解説と解答

1）適切である。リスク回避型の投資家（同一のリターンならばリスクはなるべく低く、同一のリスクならばリターンはなるべく高く）の効用無差別曲線を表している。

2）不適切である。リスク中立型の投資家（同一のリターンならばリスクの高低は問わない）の効用無差別曲線を表している。

3）不適切である。リスク愛好型の投資家（同一のリターンならばリスクはなるべく高く、同一のリスクならばリターンはなるべく高く）の効用無差別

　　曲線を表している。
4 ）不適切である。特に名称はない。

正解　1 ）

投資家の選好と効用無差別曲線

　現代ポートフォリオ理論では、すべての投資家は合理的な行動を選択することを前提としており、投資家のリスクに対する姿勢（選好）によって、「リスク愛好型（同一のリターンならばより大きいリスクを好む）」「リスク回避型（同一のリターンならばより小さいリスクを好む）」「リスク中立型（同一のリターンならばリスクの大小はどちらでもよい）」の3タイプに投資家を分類している。リスクとリターンに応じた投資家ごとに異なる効用を数値化し、同じ効用になるリスクとリターンの組合せを結んでできる曲線を投資家の「効用無差別曲線」という。

　一般に、投資家の選好を示す効用無差別曲線と効率的フロンティアの接する点のポートフォリオが各投資家の効用を最大にするとされており、これを「最適ポートフォリオ」という。

《例》リスク回避型の投資家は、「同一のリターンならばリスクはなるべく低いポートフォリオを、同一のリスクならばリターンはなるべく高いポートフォリオ」を選択することで効用（満足度）を大きくすることができる。

　　下図に株価のリターンとリスクが示された4社では、S社が最も「ロー・リスクでハイ・リターン」なので効用が大きく、V社が最も「ハイ・リスクでロー・リターン」なので効用が小さい。T社とU社は同じ効用無差別曲線上に位置するので効用は同じ（無差別）である。

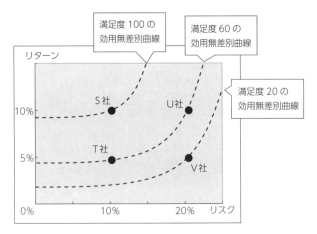

3－5　最適ポートフォリオの考え方②

《問》最適ポートフォリオに関する下図の空欄①～④にあてはまる語句の組合せとして、次のうち最も適切なものはどれか。なお、下図の破線で示された部分は、太い実線と点②で接している。

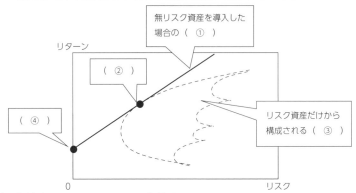

無リスク資産を導入した場合の（　①　）

（　②　）

（　④　）

リスク資産だけから構成される（　③　）

1）①効率的フロンティア　　②接点ポートフォリオ
　　③投資機会集合　　　　　④無リスク資産
2）①効率的フロンティア　　②無リスク資産
　　③投資機会集合　　　　　④接点ポートフォリオ
3）①投資機会集合　　　　　②接点ポートフォリオ
　　③効率的フロンティア　　④無リスク資産
4）①投資機会集合　　　　　②無リスク資産
　　③効率的フロンティア　　④接点ポートフォリオ

● 解説と解答 ●

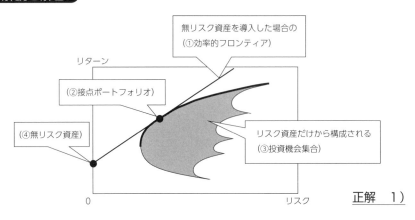

無リスク資産を導入した場合の（①効率的フロンティア）

（②接点ポートフォリオ）

（④無リスク資産）

リスク資産だけから構成される（③投資機会集合）

<u>正解　1）</u>

最適ポートフォリオの考え方

　投資機会集合とは、すべての個別資産および個別資産から構成されるすべてのポートフォリオを表したもの、つまり投資家が選びうる投資対象のことである。前ページ問3－5図の③は、リスク資産（株式等）で実現可能なポートフォリオを表している。しかし、投資機会集合のうち、リスク回避型の投資家が選択するのはごく一部分である。つまり、リスク回避型の投資家は投資機会集合の上縁部分（グラフの太線部分）しか選択しない。それ以外の部分は、リスクが同程度であってもリターンが劣るからである。この曲線を効率的フロンティアといい、効率的フロンティア上のポートフォリオ群を効率的ポートフォリオという。

　次に、株式のようなリスク資産のほかに、無リスク資産（限りなくリスクがないとみなせる資産）もポートフォリオに組み入れてよいとする。すると、無リスク資産（図の④）の点から効率的フロンティアに接する直線を引くことができ、この直線が無リスク資産を導入した場合の効率的フロンティア（図の①）となる。

　なお、無リスク資産から引いた直線が効率的フロンティアと接している点を接点ポートフォリオ（図の②）といい、「シャープの測度＝（期待リターン－無リスク資産のリターン）÷リスク」を最大にするポートフォリオである。

　すなわち、リスク回避型の投資家にとっての最適ポートフォリオは「無リスク資産と接点ポートフォリオの組合せ」で実現できるといえる。

　このように、効用無差別曲線の形状とは無関係にリスク資産の最適な組入比率が決定されることを、「分離定理」という。分離定理によれば、すべてのリスク回避型の投資家は「無リスク資産＋接点ポートフォリオ」のいずれかの点（直線①上の点）を選ぶ。ただし、その組入比率（どの点を選ぶのか）は、投資家ごと（効用無差別曲線の形状ごと）に異なる。

3-6　資本資産評価モデル（CAPM）の考え方

《問》資本資産評価モデル（CAPM）に関する次の記述のうち、最も不
適切なものはどれか。
1）CAPMは、すべての投資家はリスク中立型でありリスク資産の空
売りはまったく許容しない等の仮定に基づく、リスク資産の価格形
成に関するモデルである。
2）CAPMにおける β（ベータ）は、リスク資産のシステマティック・
リスクが市場ポートフォリオのリスクの何倍であるかを表す。
3）ポートフォリオの組入銘柄数を増やして市場ポートフォリオに近づ
けていくと、アンシステマティック・リスクはゼロに近づき、シス
テマティック・リスクは消えずに残り、βは1に近づく。
4）CAPMによれば、アンシステマティック・リスクはリターンを生
まないリスクとされ、十分な分散投資によってポートフォリオのア
ンシステマティック・リスクが消失すると、ポートフォリオの期待
収益率は市場ポートフォリオの期待収益率に一致する。

・解説と解答・

1）不適切である。CAPMは、すべての投資家はリスク回避型であり、リス
ク資産の空売りは無制限に許容するという仮定等、さまざまな前提のうえ
に構築されたリスク資産の価格形成モデルである。
2）適切である。
3）適切である。ポートフォリオの組入銘柄数を十分に増やすと市場ポート
フォリオに近づくこととなり、アンシステマティック・リスクはゼロに近
づき、システマティック・リスクは消えずに残り、βは1に近づく。
4）適切である。分散投資を進めて市場ポートフォリオに近づけていくと、ア
ンシステマティック・リスクは消失し、市場ポートフォリオと一致するた
め、リターンも市場ポートフォリオと一致することとなる。

<u>正解　1）</u>

資本資産評価モデル（CAPM）とは

■リスク資産の価格形成モデル

　CAPM（Capital Asset Pricing Model）は株式やコモディティ、不動産などのリスク資産の価格形成モデルである。CAPMによれば、リスク資産の期待収益率は、リスク全体ではなく、リスクのうち市場全体に連動する部分に応じて決定されると考える。

　リスクのうち、市場全体に連動する部分をシステマティック・リスクといい、市場全体に連動しない部分をアンシステマティック・リスクという。CAPMにおけるβ（ベータ）とは、リスク資産のシステマティック・リスクが市場ポートフォリオのリスクの何倍であるかを表すものである。例えば、「A社株式のCAPMのβ」は、「A社株式のシステマティック・リスクが市場ポートフォリオのリスクの何倍であるか」を表しており、「A社株式のシステマティック・リスク＝A社株式のβ×市場ポートフォリオのリスク」で表される。つまり、CAPMは、システマティック・リスクがβ倍ならばリターンもβ倍になると考える。

　ただし、リターンは無リスク資産利子率を超過した部分、つまり超過リターンに関して成立すると考えるので、「A社株式の超過リターン＝A社株式のβ×市場ポートフォリオの超過リターン」で表され、これに超過リターン＝期待収益率−無リスク資産利子率を代入すると、次の算式が得られる。
「A社株式の期待収益率−無リスク資産利子率
＝A社株式のβ×（市場ポートフォリオの期待収益率−無リスク資産利子率）」
これが、CAPMの均衡式である。

■CAPMにおける分散投資効果

　CAPMは個別銘柄を対象としているが、ポートフォリオにも適用することができる。ポートフォリオのβを考えることにより、ポートフォリオの期待収益率を計算することができる。

　ここで、個別銘柄から投資を始めて、組入銘柄数を増やして市場ポートフォリオに近づけていくとすると、最終的には市場ポートフォリオと一致するはずである。また、CAPMのβは、ある資産のシステマティック・リスクが市場ポートフォリオのリスクの何倍であるかを示したものだから、市場ポートフォ

リオの β は常に1である。一方、市場ポートフォリオに、「市場全体に連動しない部分」は存在しないので、市場ポートフォリオのアンシステマティック・リスクはゼロである。

したがって、分散投資を進めて市場ポートフォリオに近づけていくと、ポートフォリオのアンシステマティック・リスクはゼロに近づくが、システマティック・リスクは消えずに残り、β は1に近づくことがわかる。

3－7　資本資産評価モデル（CAPM）の計算方法

《問》下記の〈条件〉において、資本資産評価モデル（CAPM）に基づき計算したA社株式の期待収益率として、次のうち最も適切なものはどれか。なお、無リスク資産利子率は、短期国債利回りを用いること。

〈条件〉
　市場ポートフォリオの期待収益率：5.5%
　短期国債利回り：1.0%
　A社株式のβ：1.2
　A社株式の収益率と市場ポートフォリオの収益率の相関係数：＋0.8

1）5.4%
2）5.6%
3）5.8%
4）6.4%

・解説と解答・

CAPMの均衡式：
A社株式の期待収益率－無リスク資産利子率
＝A社株式のβ×（市場ポートフォリオの期待収益率－無リスク資産利子率）

　上記を用いてA社株式の期待収益率を求めると、
　∴A社株式の期待収益率＝1.0%＋1.2×（5.5%－1.0%）＝6.4%

正解　4）

3－8　β（ベータ）値の算出

《問》下記の〈条件〉に基づき算出した資本資産評価モデル（CAPM）
におけるA社株式のβ（ベータ）値として、次のうち最も適切なも
のはどれか。なお、計算結果は表示単位の小数点以下第3位を四捨
五入すること。

〈条件〉

　市場ポートフォリオの過去60カ月の月次収益率の標準偏差：5.0％

　A社株式の過去60カ月の月次収益率の標準偏差：7.0％

　A社株式と市場ポートフォリオの

　過去60カ月の月次収益率の共分散：30.0（％）^{2}

　A社株式と市場ポートフォリオの

　過去60カ月の月次収益率の相関係数：0.86

1）0.61
2）1.00
3）1.17
4）1.20

・解説と解答・

　資本資産評価モデル（CAPM）のβ（ベータ）とは、リスク資産のシステ
マティック・リスクが市場ポートフォリオのリスクの何倍であるかを表すもの
である。

　A社株式のβは、次の算式により求める。

$$\text{A社株式の}\beta = \frac{\text{A社株式と市場ポートフォリオの共分散}}{\text{市場ポートフォリオの分散（＝標準偏差の2乗）}}$$

$$= \frac{30.0（％）^2}{5.0％ \times 5.0％}$$

$$= 1.20$$

正解　4）

3-9 サスティナブル成長率

《問》サスティナブル成長率に関する次の記述のうち、最も不適切なもの
はどれか。
1）サスティナブル成長率とは、将来の期首ベースのROEと内部留保
率が一定であると仮定することで求められる、内部資金のみで達成
しうる理論的な配当の成長率である。
2）期首ベースのROEと配当性向が将来にわたって一定であり、内部
留保によってのみ自己資本が増加する場合、配当の成長率、当期純
利益の成長率および自己資本の成長率は、いずれもサスティナブル
成長率に一致する。
3）サスティナブル成長率と整合性のある配当割引モデルは、定率成長
モデルである。
4）期首ベースROEが10％、配当利回りが5％の場合、サスティナブ
ル成長率は9.5％である。

・解説と解答・

1）適切である。
2）適切である。サスティナブル成長率は「毎期ROEが一定」であると仮定
しているので、自己資本の増加率が当期純利益の増加率となる。さらに
「毎期配当性向も一定」であると仮定しているので、当期純利益の増加率
が配当性向と一致することとなる。
3）適切である。配当割引モデルには、成長率を「永久にゼロ」とする定額配
当モデル、「永久に一定」とする定率成長モデル、「段階的に逓減する」と
する多段階モデル等がある。サスティナブル成長率は、成長率が「永久に
一定」であることを前提としているため、定率成長モデルと整合性があ
る。
4）不適切である。サスティナブル成長率は、「期首ベースのROEと配当利回
り」ではなく、「期首ベースのROEと配当性向」から計算される（次ペー
ジコラム参照）。したがって、本肢の条件だけでは、サスティナブル成長
率を求めることはできない。

正解　4）

> **コラム**
>
> ## サスティナブル成長率の算出

　サスティナブル成長率とは、企業の内部留保を事業に再投資して得られる理論成長率であり、次の算式により求められる。

　「サスティナブル成長率＝ROE×（1－配当性向）＝ROE×内部留保率」

　なお、会計的かつ数学的な整合性をもたせるためには、期首ベースの（当期純利益を期首ベース自己資本で除した）ROEを用いてサスティナブル成長率を算出することが望ましい。

《例》期首ベースROE＝10％、配当性向＝40％（サスティナブル成長率＝6％）
　　　のケース

	期首自己資本	当期純利益	配当額	期末自己資本	
設立初年度	1,000.00億円	100.00億円	40.00億円	1,060.00億円	6％成長
2年度	1,060.00億円	106.00億円	42.40億円	1,123.60億円	6％成長
3年度	1,123.60億円	112.36億円	44.94億円	1,191.02億円	

当期純利益＝期首自己資本1,000.00億円×期首ベースROE10％＝100.00億円

配当額＝当期純利益100.00億円×配当性向40％＝40.00億円

期末自己資本＝期首自己資本1,000.00億円＋当期純利益100.00億円

　　　　　　－配当額40.00億円＝1,060.00億円

サスティナブル成長率＝配当成長率＝当期純利益増加率＝自己資本成長率＝6％が成立している。

3-10　配当割引モデル

《問》下記の〈条件〉において、配当割引モデルに基づき計算したＡ社株
式の理論株価（１株当たり）として、次のうち最も適切なものはど
れか。なお、割引率は資本資産評価モデル（CAPM）による期待
収益率を、無リスク資産利子率は短期国債利回りを用いること。ま
た、計算結果は円未満を四捨五入すること。

〈条件〉
　市場ポートフォリオの期待収益率：６％
　短期国債利回り：１％
　Ａ社株式のβ（ベータ）：1.2
　Ａ社株式の来期以降の予想配当：１株当たり50円で一定

１）714円
２）833円
３）860円
４）1,000円

・解説と解答・

　配当割引モデルとは、将来の配当と期待収益率から株式の理論価格を算出す
る枠組みである。将来にわたって一定額の配当が支払われると予想される場合
には「定額配当モデル」が用いられ、将来にわたって定率で配当が成長して支
払われると予想される場合には「定率成長モデル」が用いられる。

$$定額配当モデル：理論株価（円）＝\frac{予想配当（円）}{期待収益率（\%）}$$

$$定率成長モデル：理論株価（円）＝\frac{予想配当（円）}{期待収益率（\%）－配当成長率（\%）}$$

　定率成長モデルの配当成長率には、一般に、サスティナブル成長率が用いら
れることが多い。

・CAPMにより、A社株式の期待収益率を求める。

A社株式の期待収益率＝無リスク資産利子率

＋A社株式の β ×（市場ポートフォリオの期待収益率－無リスク資産利子率）

＝1％＋1.2×（6％－1％）＝7％

・配当割引モデル（定額配当モデル）により、A社株式の理論株価を求める。

A社株式の配当は将来にわたり1株当たり50円で一定なので、定額配当モデルにより理論株価を算出する。

$$\therefore \text{A社株式の理論株価} = \frac{\text{予想配当（円）}}{\text{A社株式の期待収益率（％）}}$$

$$= \frac{50\text{円}}{7\%}$$

$$= 714.2\cdots\text{円} \fallingdotseq 714\text{円}$$

正解　1）

3－11　パフォーマンス評価／リスク調整後測度

《問》下記の〈ファンドA等に関するデータ〉に基づき計算した、ファンドAの①シャープの測度、②トレーナーの測度、③インフォメーション・レシオの組合せとして、次のうち最も適切なものはどれか。なお、無リスク資産利子率は、短期国債利回りを用いること。

〈ファンドA等に関するデータ〉

　ファンドAの過去1年間の実績

　　事後収益率の平均値　　：7％

　　事後収益率の標準偏差：25%

　　事後収益率から計算したβ（ベータ）：1.2

　　アクティブ・リスク　　：10%

　　アクティブ・リターン：2％

　その他の情報

　　ファンドAのベンチマーク　：TOPIX

　　過去1年間の短期国債利回り：1％

1)　①0.24　　②5.0%　　③0.2

2)　①0.24　　②5.8%　　③0.1

3)　①0.28　　②5.0%　　③0.1

4)　①0.28　　②5.8%　　③0.2

● 解説と解答 ●

$$シャープの測度 = \frac{ファンドのリターン－無リスク資産利子率}{ファンドの総リスク} = \frac{7\%－1\%}{25\%} = 0.24$$

$$トレーナーの測度 = \frac{ファンドのリターン－無リスク資産利子率}{ファンドのβ（ベータ）} = \frac{7\%－1\%}{1.2}$$

$$= 5.0\%$$

$$インフォメーション・レシオ = \frac{アクティブ・リターン}{アクティブ・リスク} = \frac{2\%}{10\%} = 0.2$$

正解　1)

> **コラム**
> ## リスク調整後測度とは

　リスク調整後測度とは、"より少ないリスクで、より高いリターンを獲得したい"という発想に基づき、「リスクを低く」「リターンを高く」という2つの基準を、「リターン÷リスクを大きく」という1つの基準に集約した考え方である。

　リスク調整後測度におけるリターンは、異なる経済環境下においても正しいパフォーマンス評価ができるよう、無リスク資産利子率をどれだけ上回ったかを示す超過リターンが用いられる。

■シャープの測度

$$= \frac{\text{ポートフォリオのリターン} - \text{無リスク資産利子率}}{\text{ポートフォリオの総リスク}}$$

■トレーナーの測度

$$= \frac{\text{ポートフォリオのリターン} - \text{無リスク資産利子率}}{\text{ポートフォリオの} \beta \text{（ベータ）}}$$

　一般に、総リスクを用いて評価するシャープの測度を利用することが望ましい。シャープの測度は、総リスク（システマティック・リスクとアンシステマティック・リスクの和）をリスク尺度とする一方、トレーナーの測度は、（十分に分散化されたポートフォリオにはアンシステマティック・リスクは存在しないことを前提として）βをリスク尺度としている。

　したがって、分散化が十分になされていないポートフォリオにおいては、トレーナーの測度では高い評価となったとしても、シャープの測度では低い評価となることがある。

■ジェンセンのα

　＝実際のリターン － CAPMによるリターン

　ジェンセンのα（アルファ）は、ポートフォリオの実績とCAPMによる理論値の差である。CAPMで算出される均衡収益率（市場全体に連動したリターン）を超過した収益率、つまり、銘柄選択や市場タイミングといったファンドマネジャーの能力評価を示すことができる。

■インフォメーション・レシオ

$$= \frac{アクティブ・リターン}{アクティブ・リスク}$$

アクティブ・リターンとは、対象ポートフォリオとベンチマークのリターンの差（超過リターン）、アクティブ・リスクとは、その標準偏差である。インフォメーション・レシオはベンチマークとの差を表しているので、アンシステマティック・リスク（銘柄固有のリスク）に着目した評価方法といえる。インフォメーション・レシオも、ファンドマネジャーの能力評価等に用いられる。

3−12　パフォーマンス評価／投資収益率

《問》下記の〈条件〉および〈資産運用残高の推移〉に基づき計算したファンドXの2年間の時間加重収益率（年率換算）として、次のうち最も適切なものはどれか。なお、計算結果は表示単位の小数点以下第3位を四捨五入すること。また、手数料・税金等は考慮しないこととする。

〈条件〉
・投資家AさんはファンドXを、投資家BさんはファンドYをそれぞれ100万円購入した。
・1年後、AさんおよびBさんの資産運用残高は、ともに120万円になった。
・1年目が終了した時点で、AさんはファンドXを20万円売却し、BさんはファンドYを20万円追加購入した。
・2年目が終了した時点で、Aさんの資産運用残高は95万円、Bさんの資産運用残高は133万円になった。
・ファンドX、ファンドYのいずれも、この2年間に分配金の支払はなかった。

〈資産運用残高の推移〉

| | 1年目 | | 追加購入（＋）・一部売却（▲） | 2年目 | |
	期首	期末		期首	期末
AさんはファンドXで運用	100万円	120万円	▲20万円	100万円	95万円
BさんはファンドYで運用	100万円	120万円	＋20万円	140万円	133万円

1）2.00％
2）4.12％
3）6.77％
4）7.50％

・解説と解答・

　時間加重収益率は、一部売却や追加購入による運用元本の増減の影響を排除して計算する。

	1年目の収益率	2年目の収益率
ファンドX	$\dfrac{120万円}{100万円} - 1 = +20\%$	$\dfrac{95万円}{100万円} - 1 = ▲5\%$

2年間の平均収益率を計算するには、幾何平均（複利）を用いる。
ファンドXの収益率を r とすると、

$$(1 + 20\%)(1 + ▲5\%) = (1 + r)^2$$
$$1.2 \times 0.95 = (1 + r)^2$$
$$\sqrt{1.14} = 1 + r$$
$$r = 0.067707\cdots$$
$$\therefore r = 6.770\cdots\% \fallingdotseq 6.77\%$$

正解　3）

コラム

時間加重収益率と金額加重収益率

■時間加重収益率とは

　運用元本の増減の影響を排除して計算するのが時間加重収益率である。つまり、時間加重収益率はファンドの運用能力を表している。前ページの問3－12におけるファンドX、ファンドYの各年の収益率は、次のとおり。

	1年目の収益率	2年目の収益率
ファンドX	$\dfrac{120万円}{100万円} - 1 = +20\%$	$\dfrac{95万円}{100万円} - 1 = ▲5\%$
ファンドY	$\dfrac{120万円}{100万円} - 1 = +20\%$	$\dfrac{133万円}{140万円} - 1 = ▲5\%$

　両ファンドとも、1年目は＋20％、2年目は▲5％なので運用能力は同じだったことがわかる。

■金額加重収益率とは

問3−12において、ファンドXとファンドYの運用能力に差はなかったが、AさんとBさんの運用結果には差が生じた。

	投資額	回収額	利益額
Aさん	1年目に100万円	1年目に20万円 2年目に95万円	+15万円
Bさん	1年目に100万円 2年目に20万円	2年目に133万円	+13万円

　同じ成績のファンドを購入したのに差が生じたのは、2年目が始まる前にBさんが投資元本を増やした一方、Aさんが投資元本を減らしたことが原因である。2年目は両ファンドの運用成績がマイナスになったため、2年目が始まる前に元本を減らしたAさんの損失額は少なく、元本を増やしたBさんの損失額は大きくなった。

　このような一部売却・追加購入の影響も含めた収益率を、金額加重収益率（内部収益率）という。つまり、金額加重収益率は投資家にとって自らの資産運用の結果を表している。この金額加重収益率の考え方は、債券の複利最終利回りの計算と同様であり、当初投資額100万円が債券価格、一部売却はクーポンの受取り、追加購入はマイナスのクーポンの受取りと考えると理解しやすい。

	金額加重収益率
Aさん	$\dfrac{20万円}{1+r} + \dfrac{95万円}{(1+r)^2} = 100万円$ $\therefore r = 7.98\%$
Bさん	$\dfrac{▲20万円}{1+r} + \dfrac{133万円}{(1+r)^2} = 100万円$ $\therefore r = 5.76\%$

金額加重収益率によれば、Aさんの収益率のほうが高いことが示されている。

3−13　投資管理の手法（リバランス法）

《問》投資家のＡさんは、Ｘ株式投資信託800万円、Ｙ公社債投資信託200
万円の合計1,000万円で資産運用を開始した。Ａさんは資産運用を
開始するにあたり、次のような〈投資方針〉を定めた。

〈投資方針〉
1年経過するごとに、ポートフォリオ全体からみた資産配分が株式投
資信託80%、公社債投資信託20%になるように資産の組替え（リバラ
ンス）を行う。

　次の表は、資産運用を開始してから1年経過後までの〈投資信託の基
準価額の騰落率とＡさんのポートフォリオの資産残高の推移〉である。
上記の〈投資方針〉に変更がない場合、空欄①にあてはまる数値とし
て、次のうち最も適切なものはどれか。なお、ＸとＹはともに期間中の
分配金の支払はなく、手数料・税金等については考慮しないこととす
る。また、問題の性質上、明らかにできない部分は「□□□」で示して
ある。

〈投資信託の基準価額の騰落率とＡさんのポートフォリオの資産残高の推移〉
（単位：万円）

	基準価額の騰落率			資産残高		
	Ｘ	Ｙ		Ｘ株式投資信託	Ｙ公社債投資信託	合計
開始時	―	―		800	200	1,000
1年経過後	+20%	+5%	組替え前	□□□	□□□	□□□
			組替え後	（　①　）	□□□	□□□

1）800（万円）
2）880（万円）
3）936（万円）
4）960（万円）

・解説と解答・

〈投資信託の基準価額の騰落率とＡさんのポートフォリオの資産残高の推移〉
(単位：万円)

	基準価額の騰落率			資産残高		
	X	Y		X株式投資信託	Y公社債投資信託	合計
開始時	－		－	800	200	1,000
1年経過後	+20%	+5％	組替え前	(ⅰ)960	(ⅱ)210	1,170
			組替え後	(①936)	234	1,170

(ⅰ)＝800万円×（1＋基準価額騰落率20％）＝960万円

(ⅱ)＝200万円×（1＋基準価額騰落率5％）＝210万円

組替え前資産残高合計：1,170万円

∴①＝1,170万円×株式投資信託組入比率80％＝936万円

なお、公社債投資信託＝1,170万円－936万円＝234万円

正解　3）

コラム

ポートフォリオ・マネジメントのプロセス

　一般に、機関投資家のポートフォリオ・マネジメントは、下記のプロセスを繰り返すことにより行われる。

① 「運用方針」の明確化
  ・運用目的や運用期間
  ・目標リターンとリスク許容度（制約条件、選好）
  ・リバランスの目安（±○％まで配分比率の変動を許容できるか）
  ・ポリシー・アセット・アロケーションの策定

②運用開始

③モニタリング、パフォーマンス評価
  ・金融市場が変化していないか
  ・「運用方針」が変化していないか

④ポートフォリオの修正
　③の結果に応じて、リバランス（ポリシー・アセット・アロケーションに戻すこと）やリアロケーション（ポリシー・アセット・アロケーション自体を変更すること）等を行うことで、ポートフォリオの修正を行う。

3－14　アセット・アロケーション

《問》Ａ企業年金基金は、「株式60%、債券40%」というポリシー・ア
セット・アロケーション（いずれも±10%の乖離を許容）を設定し
ている。Ａ企業年金基金から期初に1,000億円の運用を受託した資
産運用会社Ｂは、株式65%、債券35%の資産配分で運用を開始した
が、許容範囲を超えて期中に資産配分比率が変動することはなく、
１年間リバランスをせずに運用した。

〈１年後のファンド運用実績等〉

	株式		債券	
	アロケーション	利回り	アロケーション	利回り
ファンド運用実績	65%	＋20%	35%	＋１%
ベンチマーク	60%	＋20%	40%	＋１%

〈１年後のファンド運用実績等〉に基づき、資産運用会社Ｂに運
用を委託した結果とポリシー・アセット・アロケーションどおりに
ベンチマークで運用した場合を比較した。このとき、資産運用会社
Ｂに運用を委託した効果として、次のうち最も適切なものはどれ
か。

1）▲9.5億円
2）▲9.0億円
3）＋9.0億円
4）＋9.5億円

・解説と解答・

資産運用会社Ｂに1,000億円の運用を委託した結果は、
　　株式の投資収益：（1,000億円×65%）×20%＝　130億円
　　債券の投資収益：（1,000億円×35%）×１%＝　　3.5億円
　　　　　　　　　　　　　　　　　　　合計：133.5億円
ポリシー・アセット・アロケーションどおりにベンチマークで運用した場合
は、
　　株式の投資収益：（1,000億円×60%）×20%＝120億円
　　債券の投資収益：（1,000億円×40%）×１%＝　　4億円
　　　　　　　　　　　　　　　　　　　合計：124億円
　∴資産運用会社Ｂに運用を委託した効果：133.5億円－124億円＝＋9.5億円

正解　4）

> **コラム**

ポリシー・アセット・アロケーションの設定

　一般に、ポリシー・アセット・アロケーションは、下記のプロセスで設定する。

　投資家の運用目的や運用期間に応じて、ポリシー・アセット・アロケーションを、リスク許容度を基準に設定するのか、目標リターンを基準に設定するのかが決まる。子どもや孫の教育資金、マイホーム取得資金、老後の生活資金、遺産相続等、投資家は何のために自分の資産を運用したいのか、どのくらいの期間運用したい（できる）のかを明確にし、ポリシー・アセット・アロケーションの設定基準を変える必要がある。

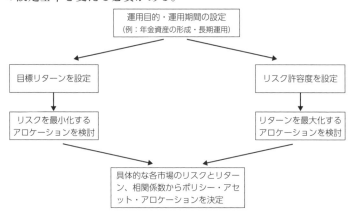

第4章

総合問題

4-1 ライフプランニングと資産運用

《問》次の設例に基づき、各問に答えなさい。

─〈設　例〉─

　登録金融機関として金融商品取引業務を行う金融機関の営業担当者Xは、個人顧客Yさん（45歳）から資産運用の相談を受けた。Yさんは、老後の生活の備えとして、今から60歳までの15年間にわたって一定額を積立てようと考えている。XはYさんに対してさらに詳細なヒアリングを行うとともに、資産運用のアドバイスを行おうとしている。

　なお、設例および各問に記載のない事項については考慮しないこととする。

〈利率2％の各種係数〉

	終価係数	現価係数	年金終価係数	年金現価係数	資本回収係数	減債基金係数
15年	1.3459	0.7430	17.2934	12.8493	0.0778	0.0578
25年	1.6406	0.6095	32.0303	19.5235	0.0512	0.0312

《問1》Xのヒアリングによると、Yさんは、60歳の時点で2,000万円貯めることを目標に毎年一定額を積み立てようと考えている。このとき、〈利率2％の各種係数〉を参考に、Yさんが現在から15年間、利率2％で積立てを行って2,000万円貯めるために必要な毎年の積立額を計算したものとして、次のうち最も適切なものはどれか。なお、積立ては年1回行うこととし、計算結果は千円未満を切り捨てること。また、手数料・税金等は考慮しないこととする。

1）113万3,000円
2）115万6,000円
3）117万2,000円
4）120万5,000円

《問 2》 Xのヒアリングによると、Yさんは、60歳時点で受け取る予定の退職金1,500万円（税引後手取額）と積み立てた2,000万円の合計3,500万円を年金原資とし、60歳から85歳の25年間にわたって、運用しながら年金として取り崩すことを考えている。このとき、〈利率 2 ％の各種係数〉を参考に、利率年 2 ％で運用しながら85歳までの25年間に受け取れる年金額として、次のうち最も適切なものはどれか。なお、取崩しは年 1 回行うこととし、計算結果は千円未満を切り捨てること。また、手数料・税金等は考慮しないこととする。

1 ）144万5,000円
2 ）151万8,000円
3 ）168万1,000円
4 ）179万2,000円

《問 3》 XがYさんに対して行った資産運用に関する一般的なアドバイスとして、次のうち適切なものをすべて選びなさい。

1 ）一般に、年をとるほどリスク許容度は低くなるとされ、米国の投資アドバイザーが伝統的に使用してきた有名な簡略ルールによれば「100 − 年齢」（％）がリスク資産比率の目安とされています。
2 ）株式のようにリスクの高い金融商品は、短期的にリターンが大きくなることがあるため、長く保有すべきではありません。
3 ）自分が決めた一定のタイミング・金額で定期的に金融商品を購入する積立投資を行うと、「ドル・コスト平均法」により平均購入単価を下げる効果が期待できます。
4 ）複数の資産や国に投資をすると複雑な投資となってしまい、かえってリスクが高くなる可能性があるため、1 つの資産や国に集中して投資をすることをお勧めします。

● 解説と解答 ●

《問 1》
　将来目標とする額を貯めるために必要な毎年の積立額を求めるときは、「減債基金係数」を使用する。
2,000万円×0.0578＝115万6,000円

なお、その他の係数の使い方は、次のとおり。

・終価係数　　：現在の額から将来の額を求めるときに使用する。

・現価係数　　：将来の額から現在の額を求めるときに使用する。

・年金終価係数：毎年の積立額から将来の元利合計を求めるときに使用する。

・年金現価係数：希望する年金額を受け取るために必要な年金原資を求めるときに使用する。

・資本回収係数：現在の額を年金原資として運用しながら受け取れる年金の額や、借入金に対する利息を含めた毎年の返済額を求めるときに使用する。

正解　2）

《問2》

年金原資を運用しながら受け取れる年金額を求めるときは、「資本回収係数」を使用する。

3,500万円×0.0512＝179万2,000円

正解　4）

《問3》

1）適切である。米国の投資アドバイザーが伝統的に使用してきた有名な簡略ルールによれば、リスク資産比率は「100－年齢」（％）がよいとされ、高齢になるほどリスク資産比率を下げるべきであるとしている。

2）不適切である。本肢は「長期投資」についての記述である。一般に、金融商品は、長期的に保有することで、リターンの振れ幅が小さくなり、安定したリターンが期待できるとされる。また、株式の場合、長期間保有によって、配当金や株主優待の回数も多くなり、利益を積み上げることが期待できるとされている。

3）適切である。本肢は「積立投資」についての記述である。

4）不適切である。本肢は「分散投資」についての記述である。分散投資は、投資先や時期を分散させることで、価格の変動を抑え、安定したリターンをねらう投資方法である。分散投資には、「資産の分散」「地域（通貨）の分散」「時間の分散」の3つの方法がある。

正解　1）、3）

4－2　株式投資の基礎知識／証券税制

《問》次の設例に基づき、各問に答えなさい。

――――――――――― 〈設　例〉 ―――――――――――

　　登録金融機関として金融商品取引業務を行う金融機関の営業担当
者Xは、初めて投資をしようとしている個人顧客Yさん（50歳）か
ら、余裕資金を利用した上場株式への投資の相談を受けた。Xは、
投資の初心者であるYさんに対して、投資についての基本的な説明
やアドバイスを行おうとしている。なお、設例および各問に記載の
ない事項については考慮しないこととする。

《問1》XがYさんに対して行った株式市場や株式投資に関する一般的な
　　　説明として、次のうち最も不適切なものはどれか。
1）2015年9月に「SDGs（持続可能な開発目標）」が国連サミットで採
　択されたことにより、株式市場では、SDGsに賛同する企業に投資
　する株式ファンドが設定されるようになり、注目を集めています。
2）日経平均株価とは、日本取引所グループが算出、公表している日本
　の代表的な株価指数です。東京証券取引所が市場区分の見直しを
　行ったことに伴い、2022年4月以降の日経平均株価は、東証プライ
　ム市場上場銘柄のうち市場を代表する225銘柄を対象に算出される
　ことになりました。
3）東証株価指数とは、東京証券取引所が算出、公表している日本の代
　表的な株価指数です。2022年4月に東京証券取引所が市場区分の見
　直しを行ったことに伴い、東証株価指数の構成銘柄、算出ルールに
　ついても見直しが行われることになりました。
4）株式投資を始めるにあたっては、投資先企業について信頼できる情
　報を得ることが重要です。有価証券報告書や決算短信、アニュア
　ル・レポート、CSR報告書、統合報告書などの投資家向けの情報
　は、各企業の公式サイト等で開示されています。

116

《問２》ＸがＹさんに対して行った証券税制に関する一般的な説明として、次のうち最も適切なものはどれか。

1） Ｙさんが配当控除を適用することができる場合、その年分の課税総所得金額等が1,000万円以下であれば、上場株式の剰余金の配当等に係る配当所得の金額の20％相当額を所得税額から控除することができます。

2） Ｙさんが上場株式を購入した後、当該株式の譲渡により損失が生じた場合、損益通算をしてもなお控除しきれない損失の金額については、翌年以後４年間にわたり、確定申告により、上場株式等に係る譲渡所得等の金額および上場株式等に係る配当所得等の金額から繰越控除することができます。

3） Ｙさんが上場株式を購入し、配当金の課税方法について申告分離課税を選択した場合は、同一年中に生じた上場株式等の譲渡損失と配当所得との損益通算が認められ、配当金から源泉徴収された所得税等の還付を受けられる可能性があります。

4） Ｙさんが上場株式を購入した後、同一年中に当該上場株式の譲渡損失と非上場株式の譲渡益が生じた場合、それらは損益通算をすることができます。

・解説と解答・

《問１》

1） 適切である。SDGsとは、Sustainable Development Goals（持続可能な開発目標）の略称で、2015年９月の国連サミットで採択された「持続可能な開発のための2030アジェンダ」で掲げられた、2030年までに持続可能でよりよい世界を目指す国際目標である。17の目標（ゴール）と169の達成基準（ターゲット）から構成され、地球上の「誰１人取り残さない（leave no one behind）」ことを誓っている（外務省「SDGsとは？」）。

SDGsが採択されて以降、SDGsに貢献することが期待される企業の株式へ投資をするファンドが複数設定されている。

2） 不適切である。日経平均株価は、日本経済新聞社が算出、公表している株価指標である。

3） 適切である。2022年４月に東京証券取引所が市場区分の見直しを行ったことに伴い、東証株価指数の構成銘柄、算出ルールについても見直しが行わ

れることになった。2022年10月～2025年1月を段階的移行期間とし、流通株式時価総額100億円未満の銘柄については「段階的ウエイト低減銘柄」として段階的に構成比率を低減していくとされ、移行完了後の同指数の銘柄選定方法については、今後、市場関係者の意見を募って策定される。

4）適切である。p.37コラム「主な公開情報の入手方法」参照。

正解 2）

《問2》

1）不適切である。「剰余金の配当等に係る配当控除の額」は、その年分の課税総所得金額等に応じて、原則として次のとおり計算する（タックスアンサーNo.1250）。

ⅰ．その年分の課税総所得金額等が1,000万円以下の場合

　配当控除額＝イ

　イ）剰余金の配当等に係る配当所得（特定株式投資信託の収益の分配に係る配当所得を含む。以下同じ。）の金額×10％

ⅱ．その年分の課税総所得金額等が1,000万円を超え、かつその超過額が控除対象となる配当所得の合計額に満たない場合

　配当控除額＝イ＋ロ

　イ）剰余金の配当等に係る配当所得の金額のうち、課税総所得金額等から1,000万円と証券投資信託の収益の分配に係る配当所得の金額の合計額を差し引いた金額(A)に相当する金額×5％

　ロ）剰余金の配当等に係る配当所得のうち、(A)を超える金額×10％

ⅲ．その年分の課税総所得金額等が1,000万円を超え、かつその超過額が控除対象となる配当所得の合計額以上となる場合

　配当控除額＝イ

　イ）剰余金の配当等に係る配当所得の金額×5％

2）不適切である。上場株式等の譲渡により生じた譲渡損失の繰越控除は、翌年以後3年間にわたり、確定申告により行うことができる（タックスアンサーNo.1474）。

3）適切である。上場株式等の配当所得等の金額（申告分離課税を選択したものに限る）と上場株式等の譲渡損失の金額は、損益通算することができる（タックスアンサーNo.1465）。

4）不適切である。上場株式等の譲渡損益と非上場株式等の譲渡損益は損益通算をすることはできない。ただし、上場株式の譲渡損失とほかの上場株式

の譲渡益や、非上場株式の譲渡損失とほかの非上場株式の譲渡益は損益通
算をすることができる（タックスアンサーNo.1465）。

正解　3）

4－3　株式のテクニカル分析

《問》次の設例に基づき、各問に答えなさい。

―――〈設　例〉―――

　　登録金融機関として金融商品取引業務を行う金融機関の営業担当
　者Xは、投資経験のある個人顧客Yさん（50歳）から、余裕資金を
　利用した上場株式への投資の相談を受けた。Yさんは、テクニカル
　分析に興味を持っており、Xはテクニカル分析の一般的な手法につ
　いて説明をしようとしている。

《問1》下記の株価チャートについて説明した次の記述の空欄①～④にあ
　　　　てはまる語句として、最も適切なものを〈語句群〉から選びなさ
　　　　い。

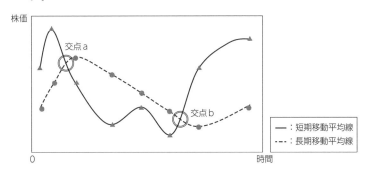

　　交点aのように、（　①　）の移動平均線が（　②　）の移動平均線を
上から下に抜けて交差することをデッド・クロスといい、（　③　）のシ
グナルとされる。また、交点bのように、（①）の移動平均線が（②）の
移動平均線を下から上に抜けて交差することをゴールデン・クロスとい
い、（　④　）のシグナルとされる。

〈語句群〉
その日の最高値、その日の最安値、株価下落、株価上昇、
ダブル・トップ、ボトム・リバーサル・パターン、サイコロジカルラ
イン、長期、短期、5日、25日、13週、26週

《問2》 下記の表の空欄①〜③にあてはまる数値として、最も適切なもの
を〈数値群〉から選びなさい。なお、移動平均の計算方法は、終
値を用いた単純移動平均とすること。また、問題の性質上、明ら
かにできない部分は「□□□」で示してある。

	終値	5日移動平均
X月1日	460	□□□
X月2日	450	□□□
X月3日	470	□□□
X月4日	500	□□□
X月5日	490	（　①　）
X月8日	□□□	486
X月9日	（　②　）	498
X月10日	455	495
X月11日	500	495
X月12日	540	（　③　）

※休祝日は考慮しないこと。

〈数値群〉　474、481、505、507、510、515、520

・解説と解答・

《問1》
　交点aのように、（①短期）の移動平均線が（②長期）の移動平均線を上か
ら下に抜けて交差することをデッド・クロスという。デッド・クロスは、（③
株価下落）のシグナルであり、売りのタイミングとされる。また、交点bのよ
うに、（①短期）の移動平均線が（②長期）の移動平均線を下から上に抜けて
交差することをゴールデン・クロスという。ゴールデン・クロスは、（④株価
上昇）のシグナルであり、買いのタイミングとされる。

正解　①短期、②長期、③株価下落、④株価上昇

《問2》

	終値	5日移動平均
X月1日	460	□□□
X月2日	450	□□□
X月3日	470	□□□
X月4日	500	□□□
X月5日	490	(①474)
X月8日	520	486
X月9日	(②510)	498
X月10日	455	495
X月11日	500	495
X月12日	540	(③505)

①X月5日の5日移動平均は、X月1日～X月5日の5日間の終値を平均して算出する。

$(460 + 450 + 470 + 500 + 490) \div 5 = 474 \cdots ①$

②X月8日の5日移動平均を求める算式から、X月8日の終値を算出する。

$(450 + 470 + 500 + 490 + □□□) \div 5 = 486$

$$□□□ = 486 \times 5 - 1,910$$

$$□□□ = 520$$

同じ要領でX月9日の5日移動平均を求める算式から、X月9日の終値を算出する。

$(470 + 500 + 490 + 520 + ②) \div 5 = 498$

$$② = 498 \times 5 - 1,980$$

$$② = 510$$

③X月12日の5日移動平均は、X月8日～X月12日の5日間の終値を平均して算出する。

$(520 + 510 + 455 + 500 + 540) \div 5 = 505 \cdots ③$

正解　①474、②510、③505

移動平均の計算方法

　移動平均は、新しいトレンドの発生やトレンドの終了、転換点を発見することを目的としたツールである。ただし、移動平均は、あくまでも市場に追随する指標であり、先行指標ではない。移動平均の計算方法は、主に次の3種類があり、計算には終値が用いられることが多い。

単純移動平均	ある期間のデータを単純に平均したもの。10日移動平均であれば、直近10日間の価格（終値）をすべて加え、その合計を10で除して算出する。次の取引日が訪れると、新しい日の価格が合計に追加され、11日前の価格は除かれる。
加重移動平均	10日移動平均であれば、10日目の価格には10を乗じ、9日目の価格には9を乗じるというように、直近の価格ほど加重する。次に、その計算結果の合計を、乗数の合計（10日移動平均の場合は1＋2＋3＋…＋10＝55）で除して算出する。
指数平滑移動平均	直近の価格ほど大きく加重することに加え、過去すべての価格を計算対象とする方法。指数平滑移動平均の算出は複雑で、コンピュータで計算する必要がある。

4－4　株式のファンダメンタル分析／行動ファイナンス理論

《問》次の設例に基づき、各問に答えなさい。

───〈設　例〉───

　登録金融機関として金融商品取引業務を行う金融機関の営業担当者Xは、投資経験のある個人顧客Yさん（50歳）から、余裕資金を利用した上場株式への投資の相談を受けた。Yさんは、同業種のA社とB社に興味を持っており、Xは、両社の財務データ等を参考にアドバイスを行おうとしている。なお、設例および各問に記載のない事項については考慮しないこととする。

〈A社とB社の財務データ〉　　　　　　　　　　　　　　（単位：百万円）

		A社	B社
資　産　の　部　合　計		1,500,000	9,500,000
負　債　の　部　合　計		520,000	7,500,000
純　資　産　の　部　合　計		980,000	2,000,000
内訳	株　主　資　本　合　計	880,000	1,300,000
	その他の包括利益累計額合計	100,000	88,000
	新　株　予　約　権	0	2,000
	非　支　配　株　主　持　分	0	610,000
売　　　　上　　　　高		2,800,000	7,400,000
売　上　総　利　益		760,000	2,000,000
営　業　利　益		290,000	210,000
営　業　外　収　益		12,000	28,000
内訳	受　取　利　息	6,000	3,000
	受　取　配　当　金	0	2,000
	そ　　の　　他	6,000	23,000
営　業　外　費　用		13,000	24,000
内訳	支　払　利　息	10,400	15,000
	社　債　利　息	2,000	1,000
	そ　　の　　他	600	8,000
経　常　利　益		289,000	214,000
親会社株主に帰属する当期純利益		180,000	124,000

〈A社とB社の株式に関するデータ〉

	A社	B社
株価（1株当たり）	4,800円	1,800円
発行済株式総数	875百万株	800百万株
配　当　総　額	8,750百万円	40,000百万円

《問1》〈A社とB社の財務データ〉および〈A社とB社の株式に関するデータ〉に基づき、XがYさんに対して行ったアドバイスの内容に関する次の記述のうち、最も不適切なものはどれか。なお、各指標の計算結果は、表示単位の小数点以下第3位を四捨五入している。

1）ROEで比べると、A社は18.37％、B社は8.93％とA社のほうが資本効率は高いと言えます。その要因を3指標に分解して比べると、売上高当期純利益率、総資産回転率はA社のほうが優位であり、効率よく利益を上げていると言えるでしょう。一方、財務レバレッジはB社のほうが高い数値を示しており、B社は総資産に対して自己資本が多く占めていることを表しています。

2）財務的な安全性の指標であるインタレスト・カバレッジ・レシオで比較すると、A社は23.87倍、B社は13.44倍であり、両社とも良好な水準にあると言えます。ただし、インタレスト・カバレッジ・レシオは債務の元本部分の返済能力については表していないことに留意すべきです。

3）両社の配当性向を比較すると、A社が4.86％であるのに対し、B社は32.26％です。A社は内部留保に積極的で、B社は株主への利益還元を優先していると言えます。配当利回りは株価に対する配当の比率を示しており、A社よりもB社のほうが優位です。

4）両社をPERとPBRで比較すると、どちらの指標においてもB社のほうが割安であると言えます。ただし、A社のこれらの指標が割高なのは、株式市場がA社の成長力に期待している可能性もあり、一概にB社への投資が有利とは断定できません。

《問 2 》行動ファイナンス理論に基づき、下記の投資家の思考、選択の傾向を説明したバイアスとして、次のうち最も適切なものはどれか。

> 投資信託による資産運用の経験があった会社員の Z さんは、50歳の時に老後のための資金を増やそうと、上場株式への投資にチャレンジしてみることにした。そこで、インターネットや投資雑誌、資産運用セミナーで情報を集め、金融機関の営業担当者 X にも投資について相談をした。しかし、どの株式に投資をすればよいのかかえってわからなくなってきてしまい、そのうち時間ができたら改めて考えることとし、結局、上場株式への投資は行わなかった。そのまま10年が経ち、Z さんは定年を迎えた。Z さんには、周囲の友人たちが、株主優待や株式投資で得た利益で老後を楽しんでいるように見え、10年前に株式投資を始めなかったことを、今になって後悔している。

1 ）決定麻痺
2 ）自信過剰
3 ）アンカリング
4 ）認知的不協和

・解説と解答・

《問 1 》
1 ）不適切である。財務レバレッジは、その数値が高いほど他人資本（借入等）の割合が多いことを表す。財務レバレッジが高すぎると、返済や利息の支払に圧迫されている可能性があり、財務レバレッジが低いほど、総資産の多くが自己資本によって賄われていることを表す。
　・自己資本
　　A 社：純資産980,000百万円－新株予約権 0 円－非支配株主持分 0 円
　　　　　＝980,000百万円
　　B 社：純資産2,000,000百万円－新株予約権2,000百万円
　　　　　－非支配株主持分610,000百万円＝1,388,000百万円

・ROE

A社：$\dfrac{当期純利益180,000百万円}{自己資本980,000百万円} = 18.367\cdots\% \fallingdotseq 18.37\%$

B社：$\dfrac{当期純利益124,000百万円}{自己資本1,388,000百万円} = 8.933\cdots\% \fallingdotseq 8.93\%$

・売上高当期純利益率

A社：$\dfrac{当期純利益180,000百万円}{売上高2,800,000百万円} = 6.428\cdots\% \fallingdotseq 6.43\%$

B社：$\dfrac{当期純利益124,000百万円}{売上高7,400,000百万円} = 1.675\cdots\% \fallingdotseq 1.68\%$

・総資産回転率

A社：$\dfrac{売上高2,800,000百万円}{総資産1,500,000百万円} = 1.866\cdots回 \fallingdotseq 1.87回$

B社：$\dfrac{売上高7,400,000百万円}{総資産9,500,000百万円} = 0.778\cdots回 \fallingdotseq 0.78回$

・財務レバレッジ

A社：$\dfrac{総資産1,500,000百万円}{自己資本980,000百万円} = 1.530\cdots \fallingdotseq 1.53$

B社：$\dfrac{総資産9,500,000百万円}{自己資本1,388,000百万円} = 6.844\cdots \fallingdotseq 6.84$

2）適切である。インタレスト・カバレッジ・レシオは、金融費用（支払利息および割引料＋社債利息）の支払原資が事業利益（営業利益＋受取利息＋受取配当金等）で賄われている程度を示しており、企業の財務的な安全性を測る指標である。

・インタレスト・カバレッジ・レシオ

A社：$\dfrac{営業利益290,000百万円 + 受取利息6,000百万円 + 受取配当金0円}{支払利息10,400百万円 + 社債利息2,000百万円}$

$= 23.870\cdots倍 \fallingdotseq 23.87倍$

B社：$\dfrac{営業利益210,000百万円 + 受取利息3,000百万円 + 受取配当金2,000百万円}{支払利息15,000百万円 + 社債利息1,000百万円}$

$= 13.437\cdots倍 \fallingdotseq 13.44倍$

3）適切である。

・配当性向

A社：$\dfrac{配当総額8,750百万円}{当期純利益180,000百万円} = 4.861\cdots\% \fallingdotseq 4.86\%$

B社：$\dfrac{配当総額40,000百万円}{当期純利益124,000百万円} = 32.258\cdots\% \fallingdotseq 32.26\%$

・配当利回り

A社：$\dfrac{配当総額8,750百万円 \div 発行済株式総数875百万株}{株価4,800円}$

$= 0.208\cdots\% \fallingdotseq 0.21\%$

B社：$\dfrac{配当総額40,000百万円 \div 発行済株式総数800百万株}{株価1,800円}$

$= 2.777\cdots\% \fallingdotseq 2.78\%$

4）適切である。

・PER

A社：$\dfrac{株価4,800円}{当期純利益180,000百万円 \div 発行済株式総数875百万株}$

$= 23.333\cdots倍 \fallingdotseq 23.33倍$

B社：$\dfrac{株価1,800円}{当期純利益124,000百万円 \div 発行済株式総数800百万株}$

$= 11.612\cdots倍 \fallingdotseq 11.61倍$

・PBR

A社：$\dfrac{株価4,800円}{純資産980,000百万円 \div 発行済株式総数875百万株}$

$= 4.285\cdots倍 \fallingdotseq 4.29倍$

B社：$\dfrac{株価1,800円}{純資産2,000,000百万円 \div 発行済株式総数800百万株} = 0.72倍$

<u>正解　1）</u>

《問2》

1） 適切である。設問において、最も大きな影響を与えているバイアスは「決定麻痺」である。

「決定麻痺」とは、銘柄の選択など意思決定を行う際に、多すぎる情報を与えられるとかえって決定できなくなってしまうバイアスをいう。完全に合理的な人であれば、判断の参考になる情報が多ければ多いほど、よい判断ができるはずである。しかし、普通の人、つまり完全に合理的ではない人にとっては、処理できる情報量に限界があり、多すぎる選択肢から1つを選択することができず、決定を先延ばしにしてしまうこととなる。

また、設問においては、何かをして現状を変えたくないという「現状維持」バイアスも影響を与えている。この場合、実際には決定を先延ばしにしたのではなく、根拠なく現在の状況を継続するという、合理的とはいえない決定をしている。

2） 不適切である。「自信過剰」とは、自分が選択した銘柄に自信を持ち過ぎて、分散投資がしにくくなることや、逆に過剰に取引してしまうバイアスをいう。

3） 不適切である。「アンカリング」とは、判断に無関係な数字に影響を受けてしまうバイアスをいう。例えば、保有株式の株価が高くなったときが忘れられない"高値覚え"の原因となる。

4） 不適切である。「認知的不協和」とは、自分の判断に反する事実を受け入れにくくなり、都合のよい思い込みを続けてしまうバイアスをいう。

正解　1）

4－5　債券の利回り計算①

《問》次の設例に基づき、各問に答えなさい。

――――――〈設　例〉――――――

　　登録金融機関として金融商品取引業務を行う金融機関の営業担当者Xは、投資経験のある個人顧客Yさん（65歳）から、余裕資金を利用した社債への投資の相談を受けた。Yさんは、A社の第X1回債と第X2回債に興味を持っているようである。なお、設例および各問に記載のない事項については考慮しないこととする。

〈A社社債の発行条件〉

	第X1回債	第X2回債
募集方法	公募	
償還年限	4 年	10年
発行総額	100億円	200億円
発行価格	額面100円につき 97.60円	額面100円につき 104.35円
表面利率 （クーポン・レート）	年0.00%	年2.00%
応募者利回り	年（　①　）% （複利）	年1.50% （単利）
償還期限	20□□年	20□□年
担保・保証	なし	
発行日程	募集期間　20□□年□月□日 払込期日　20□□年□月□日	
主幹事証券会社	□□□証券株式会社	

《問1》Yさんが第X1回債を発行時に購入して償還まで保有した場合、〈A社社債の発行条件〉の空欄①にあてはまる第X1回債の応募者利回り（複利）として、次のうち最も適切なものはどれか。なお、手数料・税金等は考慮せず、計算結果は表示単位の小数点以下第3位を四捨五入すること。

1）0.61%

2）0.98%

3）1.00%

4）1.02%

130

《問2》 Yさんが〈A社社債の発行条件〉に基づき発行時に購入した第X2回債を償還まで保有せず、購入後5年経過して利息を受け取った後で、額面100円当たり103円で売却した場合の所有期間利回り（単利）として、次のうち最も適切なものはどれか。なお、手数料・税金等は考慮せず、計算結果は表示単位の小数点以下第3位を四捨五入すること。

1） 1.18%
2） 1.66%
3） 1.72%
4） 2.18%

● 解説と解答 ●

《問1》
第X1回債の応募者利回り（複利）は、

$$額面 = (1+複利利回り)^{残存年数} \times 発行価格$$
$$100円 = (1+複利利回り)^4 \times 97.60円$$
$$複利利回り = \sqrt[4]{\frac{100円}{97.60円}} - 1 = 0.609\cdots\% \fallingdotseq 0.61\%$$

正解　1）

《問2》
第X2回債の所有期間利回り（単利）は、

$$所有期間利回り（単利）= \frac{年間利息 + \dfrac{売却価格 - 債券価格（購入価格）}{所有年数}}{債券価格（購入価格）}$$
$$= \frac{2円 + \dfrac{103.00円 - 104.35円}{5年}}{104.35円}$$
$$= 1.657\cdots\% \fallingdotseq 1.66\%$$

正解　2）

4 − 6　債券の利回り計算②

《問》次の設例に基づき、各問に答えなさい。

───〈設　例〉───

　　登録金融機関として金融商品取引業務を行う金融機関の営業担当者Ｘは、投資経験のある個人顧客Ｙさん（65歳）から、余裕資金を利用した社債への投資の相談を受けた。Ｙさんは「国債は高金利が期待できないので、Ｂ社社債の購入を検討している。何に気を付ければよいのかアドバイスが欲しい」とＸに相談を持ち掛けた。ＸはＹさんに対して、「債券は株式よりも安全なイメージがありますが、株式と同様のリスクと、株式とは異なるリスクがあります。また、参考にすべき情報もあります」と回答した。なお、設例および各問に記載のない事項については考慮しないこととする。

〈Ｂ社社債の発行条件〉

	第X1回債	第X2回債
募集方法	公募	
償還年限	4 年	10年
発行総額	100億円	200億円
発行価格	額面100円につき95.34円	額面100円につき（　①　）円
表面利率 （クーポン・レート）	年0.00％	年2.00％
応募者利回り	年（　②　）％ （複利）	年1.50％ （単利）
償還期限	20□□年	20□□年
担保・保証	なし	
発行日程	募集期間　20□□年□月□日 払込期日　20□□年□月□日	
主幹事証券会社	□□□証券株式会社	

《問１》〈Ｂ社社債の発行条件〉に基づき計算した①第X2回債の発行価格、②第X1回債の応募者利回り（複利）の組合せとして、次のうち最も適切なものはどれか。なお、計算結果は表示単位の小数点以下第３位を四捨五入すること。

1）①101.32円　②0.80%
2）①101.32円　②1.20%
3）①104.35円　②0.80%
4）①104.35円　②1.20%

《問２》ＸがＹさんに対して行った社債についての一般的な説明とアドバイスに関する次の記述うち、最も適切なものはどれか。

1）社債の信用格付を行う格付機関は複数存在しますが、すべての格付機関が一定の基準に基づき信用格付を行っているため、同じ社債に対しては、原則として同じ格付が付与されることになります。
2）社債の信用格付は発行時に付与され、償還まで変更されることはありません。
3）第X1回債、第X2回債ともに無担保ですが、仮に両債券が担保付で発行された場合は、それぞれ今よりも高い信用格付が付与され、より低い応募者利回りとなります。
4）発行体の経営状況に変化がなくても、長期国債の最終利回りが変動するとその影響を受けて社債価格も変動します。これを価格変動リスク（金利変動リスク）といい、第X1回債と第X2回債を比べると、第X1回債のほうが価格変動リスク（金利変動リスク）は大きくなります。

・解説と解答・

《問１》

①第X2回債の発行価格は、応募者利回り（単利）の計算式を用いて算出する。

$$応募者利回り（単利）＝\frac{年間利息＋\dfrac{額面－発行価格}{償還年数}}{発行価格}$$

$$1.50\% = \dfrac{2\text{円}+\dfrac{100\text{円}-発行価格}{10年}}{発行価格}$$

この式を解くと、発行価格は104.35円となる。…①

②第X1回債の応募者利回り（複利）は、

$$額面=（1+複利利回り）^{残存年数}×発行価格$$

$$100\text{円}=（1+複利利回り）^4×95.34\text{円}…（式A）$$

$$複利利回り=\sqrt[4]{\dfrac{100\text{円}}{95.34\text{円}}}-1=1.200\cdots\% ≒1.20\%…②$$

正解　4）

《参考》電卓で計算できない場合

　ルート機能が使えない電卓で計算する場合、上記式Aの右辺の複利利回りに選択肢の0.80％と1.20％を代入して計算することで正解を判定することができる。

$$（1+0.80\%）^4×95.34\text{円}=98.427\cdots\text{円}≒98.43\text{円}$$
$$（1+1.20\%）^4×95.34\text{円}=99.999\cdots\text{円}≒100.00\text{円}$$

したがって、1.20％が正解であると判定することができる。

《問2》
1）不適切である。社債の信用格付を行う格付機関は複数存在し、各機関が独自の基準で格付を行うため、同じ社債であっても格付機関によって格付は異なる。

　　なお、信用格付は記号で表現され、AAA（ムーディーズはAaa）を最上位として、BBB（ムーディーズはBaa）までが「投資適格銘柄」、BB（ムーディーズはBa）以下は「投機的銘柄」としている。

2）不適切である。社債の信用格付は、社債発行後に発行体の財務状況が大きく変化した場合、随時変更される可能性がある。

3）適切である。債券の発行体がデフォルトした場合、担保付で発行された債券の投資家には、担保の売却代金が支払に充てられる。そのため、担保付の債券は、無担保の債券よりも期待回収率が高いことから、より高い信用

格付が付与されることとなり、より低金利での発行が可能となる。

4）不適切である。価格変動リスク（金利変動リスク）の大きさを表すのが
　　デュレーションである。第X1回債は残存4年の割引債なのでデュレーショ
　　ンは4年、第X2回債は残存10年の利付債なのでデュレーションは10年未
　　満となるが、この条件では4年を下回らない。(※) したがって、価格変動リ
　　スク（金利変動リスク）は第X1回債のほうが小さい。

（※）利付債のデュレーションは、割引債に分解してその加重平均残存年数
　　　によって求められる。第X2回債のような10年物2％利付債の場合、
　　　残存1年から9年の額面2円の割引債と、残存10年の額面102円の割
　　　引債の集合とみなして加重平均残存年数を計算する。すると、残存10
　　　年債の占める時価の比率が50％を大きく上回るので、デュレーション
　　　は5年を上回るといえる。

　　　　なお、応募者利回り1.5％を前提として10年物2％利付債のデュレー
　　　ションを計算すると約9.2年となる。この10年物2％利付債の応募者
　　　利回りが62.450％のときにデュレーションがちょうど4年（有効桁数
　　　小数点以下第5位まで）となる。つまり、応募者利回りが62.450％よ
　　　り大きいと、この10年物2％利付債のデュレーションは4年を下回る
　　　こととなる。

正解　3）

4-7 投資信託の分配金の計算／投資信託の特徴

《問》次の設例に基づき、各問に答えなさい。

───〈設 例〉───

　登録金融機関として金融商品取引業務を行う金融機関の営業担当者Xは、投資初心者の個人顧客Yさん（30歳）から、投資信託による資産運用についての相談を受けた。Yさんは基準価額の変動を示すチャートだけで投資信託の比較を行っていた。そこでXは、「分配があるファンドの場合、基準価額だけでは比較が難しいこと」、「分配金には普通分配金と特別分配金（元本払戻金）があり、その性質や税務上の取扱いが異なること」「投資信託にはレーティングという専門機関による評価が公表されていること」等についてアドバイスを行おうとしている。なお、設例および各問に記載のない事項については考慮しないこととする。

〈ファンドAの分配実績・分配落後基準価額の推移〉

決算期等	20X1年 3月期	20X2年 3月期	20X3年 3月期
分配実績	800円	800円	800円
分配落後基準価額	11,000円	10,500円	10,200円

※1万口当たりの金額

《問1》Yさんは、20X0年4月に特定口座でファンドA（公募追加型株式投資信託、当初1口1円、年1回分配）を1万口当たり基準価額11,800円で購入した。上記の〈ファンドAの分配実績・分配落後基準価額の推移〉に基づき計算した20X3年3月期の分配後における1万口当たりの個別元本として、次のうち最も適切なものはどれか。

1）10,200円
2）10,500円
3）10,800円
4）11,800円

《問2》 Yさんが《問1》のとおりファンドAを購入し、分配金受取型で
保有していた場合、20X3年3月期における1万口当たりの収益
分配金について、所得税および復興特別所得税、住民税の源泉
（特別）徴収後の手取金額として、次のうち最も適切なものはど
れか。なお、計算結果は円未満切捨てとすること。

1) 637円
2) 698円
3) 721円
4) 800円

《問3》 XがYさんに対して行った投資信託についての一般的な説明等に
関する次の記述のうち、適切なものをすべて選びなさい。

1) Yさんは基準価額の変動を示すチャートだけで投資信託の比較を
行っていたようですが、基準価額は分配によっても変動するので、
基準価額の推移だけで異なる投資信託の運用成績を比較することは
適切ではありません。分配金を含めたトータルリターンで比較する
ことが望ましいでしょう。

2) 日本証券業協会が「協会員の投資勧誘、顧客管理等に関する規則
（2024年1月16日改訂）」で定めるトータルリターンは、分配金が投
資信託に再投資された効果を複利で計算しています。

3) 投資信託のレーティングは、法律に基づいて行われており、すべて
の投資信託の将来の予想リターンから決定されるので、是非ファン
ド選択の参考にすべきです。

4) J-REITは、投資家の解約に応じて随時売却することは困難である
ため、解約に応じない「クローズドエンド型」を採用しています。
一方で、証券取引所に上場しているため市場での売買が可能である
等、換金性が確保されている金融商品といえます。

・解説と解答・

《問 1 》
（ 1 万口当たりの金額）

決算期等	20X1年 3 月期	20X2年 3 月期	20X3年 3 月期
分配落前基準価額	11,800円	11,300円	11,000円
分配実績	800円	800円	800円
分配落後基準価額	11,000円	10,500円	10,200円
分配落前個別元本	11,800円	11,000円	10,500円
普通分配金	0円	300円	500円
特別分配金（元本払戻金）	800円	500円	300円
分配落後個別元本	11,000円	10,500円	**10,200円**

正解　1)

《問 2 》
20X3年 3 月期の普通分配金500円から20.315％源泉徴収されるので、
普通分配金500円×（ 1 － 20.315％）＝ 398.425円
特別分配金300円とあわせて、698.425円 ≒ 698円

正解　2)

〈普通分配金と特別分配金〉

	個別元本	分配金への課税
普通分配金	個別元本を上回る部分からの分配金	配当所得扱いとなり、20.315％の課税
特別分配金	個別元本を取り崩した分配金	投資元本の一部払い戻しとみなされ、非課税扱い

《問 3 》
1 ）適切である。
2 ）不適切である。日本証券業協会が「協会員の投資勧誘、顧客管理等に関する規則（2024年 1 月16日改訂）」で定めるトータルリターンは、「評価金額＋累計受取分配金額＋累計売付金額－累計買付金額」で計算される。分配金の再投資を考慮した複利では計算していない。
3 ）不適切である。投資信託のレーティングは、法定されたものではない。類似した投資信託の分類ごとに、過去のリターンとリスクから計算されるシャープの測度等のリスク調整後測度で決定されるのが一般的である。
4 ）適切である。

正解　1)、4)

4－8　バランスファンドの提案

《問》次の設例に基づき、各問に答えなさい。

――――〈設 例〉――――

　登録金融機関として金融商品取引業務を行う金融機関の営業担当者Ｘは、個人顧客Ｙさん（50歳）から投資信託による資産運用についての相談を受けた。Ｙさんは、グローバル・バランス・ファンドＺへの投資を検討しており、当該ファンドのＡコース、ＢコースおよびＣコースのいずれかに投資をしようか悩んでいる。なお、設例および各問に記載のない事項については考慮しないこととする。

〈Ｙさんの投資経験および意向〉
・投資信託や株式による投資経験が豊富であるが、現在保有している金融資産は預金のみ
・余裕資金1,000万円を老後のための資金として長期的に運用したいと考えている
・ある程度のリスクは許容できるものの、老後資金を確保するための投資であるため、大きな損失は避けたいと考えている

〈グローバル・バランス・ファンドＺの概要〉
・公募追加型株式投資信託（年１回決算）、為替ヘッジなし
・直近１年間の分配実績は、各コースともにいずれの決算期においても０円
・国内外の株式および債券に投資を行い、選択したコースにより各資産の組入比率が異なる
・原則として〈各コースの標準組入比率等〉を目安に投資を行い、適宜リバランスを実施
・コース間のスイッチングが可能（スイッチング手数料０円）
・各コースともに、購入時手数料はなし、信託財産留保額は0.3％

〈各コースの標準組入比率等〉

	Aコース	Bコース	Cコース
トータルリターン	5.61%	3.17%	0.90%
標準偏差	10.74%	8.37%	5.95%
シャープ・レシオ	0.52	0.38	0.15

※すべて過去 1 年間の数値とする。

《問1》 バランスファンドの一般的な特徴に関する次の記述のうち、最も適切なものはどれか。

1) バランスファンドは、値動きの異なる複数の資産に投資を行うことで、流動性リスクを低減する効果が期待できる。

2) バランスファンドでは、適宜リバランスが行われることが一般的であるため、投資家自身が相場動向に応じてリバランスを行う手間が省けるというメリットがある。

3) バランスファンドは、複数の資産に分散投資しているので、各資産の日々の価格変動を注視し続けることが重要である。

4) バランスファンドは、自ら資産配分をコントロールしながら投資を行いたいと考える投資家向けの投資信託である。

《問2》 XがYさんに対して行ったアドバイスとして次の記述のうち、適切なものをすべて選びなさい。

1) リスクとリターンのバランスの観点からコースを選択するのであれば、過去 1 年間ではCコースが最も効率的な運用ができたといえるでしょう。

　　2）まずは株式と債券のバランスがよいＢコースを選択して、その後の
　　　相場動向やライフステージの変化に応じてスイッチングを検討する
　　　のはいかがでしょうか。
　　3）シャープ・レシオは過去１年間のリターンとリスクの実績から計算
　　　されたものであり、将来も安定的に持続する保証はないことにご注
　　　意ください。

● 解説と解答 ●

《問1》

1）不適切である。バランスファンドは、値動きの異なる複数の資産に分散投
　　資を行うことから、価格変動リスクを低減する効果が期待できる。

2）適切である。バランスファンドには、資産の組入比率が固定化されている
　　タイプや機動的に比率を変更するタイプがあるが、いずれも相場動向に応
　　じて適宜リバランスが行われるのが一般的である。

3）不適切である。長期投資を行う場合、各資産の日々の価格変動（短期）に
　　とらわれるのは適切ではない。

4）不適切である。バランスファンドは、あらかじめ各資産への組入比率が決
　　められたパッケージ化された投資信託であるため、自ら資産配分をコント
　　ロールしながら投資をしたいと考える投資家には不向きである。

正解　2）

《問2》

1）不適切である。各コースのパフォーマンスは、シャープ・レシオ（（トー
　　タルリターン－無リスク資産利子率）÷標準偏差）で比較すると判断する
　　ことができる。シャープ・レシオは、その数値が大きいほど運用効率がよ
　　かったといえるので、過去１年間だけで見ればＡコースが最も効率的な運
　　用ができたといえる。

2）適切である。Ｙさんは、「ある程度のリスクは許容できるものの、老後資
　　金を確保するための投資であるため、大きな損失は避けたい」と考えてい
　　ることから、株式・債券に50％ずつ投資しているＢコースを選択し、その
　　後の相場動向やＹさん自身のライフステージの変化に応じてスイッチング
　　を検討するのは、Ｙさんの意向に沿った提案であるといえる。

3）適切である。

正解　2）、3）

4－9 ポートフォリオのリスク・リターンの計算

《問》次の設例に基づき、各問に答えなさい。

―――――――〈設 例〉―――――――

　　登録金融機関として金融商品取引業務を行う金融機関の営業担当者Xは、投資経験のある個人顧客Yさん（72歳）から、余裕資金を利用した投資信託による資産運用の相談を受けた。Yさんは、ファンドA（投資対象：海外株式）、ファンドB（投資対象：国内株式）、ファンドC（投資対象：海外債券）に分散投資することを検討している。XはYさんの意向を踏まえ、アドバイスを行おうとしている。なお、設例および各問に記載のない事項については考慮しないこととする。

〈各資産の期待収益率と標準偏差〉

	期待収益率	標準偏差
ファンドA	9.0%	12.0%
ファンドB	7.0%	10.0%
ファンドC	7.0%	10.0%

〈各資産間の収益率の相関係数〉

	ファンドA	ファンドB	ファンドC
ファンドA	—	0.5	0.4
ファンドB	0.5	—	0.8
ファンドC	0.4	0.8	—

《問1》 組入比率がファンドA50％、ファンドB10％、ファンドC40％となるポートフォリオPについて、①期待収益率と②標準偏差を計算したものの組合せとして、次のうち最も適切なものはどれか。なお、計算結果は、表示単位の小数点以下第3位を四捨五入すること。

1 ）①8.00％　　② 9.20％
2 ）①8.00％　　②11.00％
3 ）①7.85％　　② 9.20％
4 ）①7.85％　　②11.00％

142

《問2》 Yさんは、ポートフォリオP（配分比率はファンドA：50％、
ファンドB：10％、ファンドC：40％）とポートフォリオQ（配
分比率はファンドA：50％、ファンドB：40％、ファンドC：
10％）のどちらに投資をするか検討している。Yさんがリスク回
避型である場合、Yさんが選択すべきポートフォリオとその選択
理由に関する記述として、次のうち最も適切なものはどれか。
1） ポートフォリオPとQを比較すると、標準偏差は同じであるが、期
待収益率はポートフォリオPのほうが高いため、リスク回避型のY
さんはポートフォリオPを選択する。
2） ポートフォリオPとQを比較すると、標準偏差は同じであるが、期
待収益率はポートフォリオQのほうが高いため、リスク回避型のY
さんはポートフォリオQを選択する。
3） ポートフォリオPとQを比較すると、期待収益率は同じであるが、
標準偏差はポートフォリオQのほうが低いため、リスク回避型のY
さんはポートフォリオQを選択する。
4） ポートフォリオPとQを比較すると、期待収益率は同じであるが、
標準偏差はポートフォリオPのほうが低いため、リスク回避型のY
さんはポートフォリオPを選択する。

● 解説と解答 ●

《問1》
・ポートフォリオPの期待収益率：9.0％×0.5＋7.0％×0.1＋7.0％×0.4
＝8.00％…①
・相関係数を用いてポートフォリオPの標準偏差を求める。

3銘柄ポートフォリオの標準偏差 σ_P を相関係数を用いて計算する場合は、
次の算式を用いる。

$$\sigma_P=\sqrt{(w_A\sigma_A)^2+(w_B\sigma_B)^2+(w_C\sigma_C)^2+2\{\rho_{AB}(w_A\sigma_A)(w_B\sigma_B)+\rho_{BC}(w_B\sigma_B)(w_C\sigma_C)+\rho_{CA}(w_C\sigma_C)(w_A\sigma_A)\}}$$

w_A、w_B、w_C：ファンドA、B、Cの組入比率
σ_A、σ_B、σ_C：ファンドA、B、Cの標準偏差
ρ_{AB}：ファンドA、Bの相関係数
ρ_{BC}：ファンドB、Cの相関係数
ρ_{CA}：ファンドC、Aの相関係数

ポートフォリオP（ファンドA：50％、ファンドB：10％、ファンドC：40％）の標準偏差

$$= \sqrt{(0.5 \times 12\%)^2 + (0.1 \times 10\%)^2 + (0.4 \times 10\%)^2 + 2\,(0.5 \times 0.5 \times 12\% \times 0.1 \times 10\% + 0.8 \times 0.1 \times 10\% \times 0.4 \times 10\% + 0.4 \times 0.4 \times 10\% \times 0.5 \times 12\%)}$$

$$= \sqrt{36\,(\%)^2 + 1\,(\%)^2 + 16\,(\%)^2 + 2\{3\,(\%)^2 + 3.2\,(\%)^2 + 9.6\,(\%)^2\}}$$

$$= \sqrt{84.6\,(\%)^2}$$

$$= 9.197 \cdots \% \fallingdotseq 9.20\% \cdots ②$$

正解　1）

《問2》

・ポートフォリオの期待収益率を求めると、P（《問1》を参照）とQの期待収益率は同じ8.0％となる。

ポートフォリオQの期待収益率：9.0％×0.5＋7.0％×0.4＋7.0％×0.1

$$= 8.00\%$$

・相関係数を用いてポートフォリオQの標準偏差を求める。

ポートフォリオQ（ファンドA：50％、ファンドB：40％、ファンドC：10％）の標準偏差

$$= \sqrt{(0.5 \times 12\%)^2 + (0.4 \times 10\%)^2 + (0.1 \times 10\%)^2 + 2\,(0.5 \times 0.5 \times 12\% \times 0.4 \times 10\% + 0.8 \times 0.4 \times 10\% \times 0.1 \times 10\% + 0.4 \times 0.1 \times 10\% \times 0.5 \times 12\%)}$$

$$= \sqrt{36\,(\%)^2 + 16\,(\%)^2 + 1\,(\%)^2 + 2\{12\,(\%)^2 + 3.2\,(\%)^2 + 2.4\,(\%)^2\}}$$

$$= \sqrt{88.2\,(\%)^2}$$

$$= 9.391 \cdots \% \fallingdotseq 9.39\%$$

　以上と《問1》の計算結果より、ポートフォリオPとQを比較すると、期待収益率は同じ8.00％であるが、標準偏差はポートフォリオP（9.20％）のほうがポートフォリオQ（9.39％）よりも低いため、リスク回避型のYさんはポートフォリオPを選択すべきである。

正解　4）

4－10　ポートフォリオの相関関係

《問》次の設例に基づき、各問に答えなさい。

――――――〈設　例〉――――――

　登録金融機関として金融商品取引業務を行う金融機関の営業担当者Ⅹは、投資経験のある個人顧客Ｙさん（60歳）から、余裕資金を利用した投資信託による資産運用の相談を受けた。Ｙさんは、ファンドＡからファンドＦの６ファンドのうち２つに分散投資することを検討している。Ⅹは、Ｙさんの意向を踏まえてアドバイスを行おうとしている。なお、設例および各問に記載のない事項については考慮しないこととする。

ポートフォリオ i

	リターン	リスク	組入比率
ファンドＡ	2 %	20%	40%
ファンドＢ	3 %	30%	60%
両者の相関係数	▲0.5		

ポートフォリオ ii

	リターン	リスク	組入比率
ファンドＡ	2 %	20%	60%
ファンドＣ	3 %	30%	40%
両者の相関係数	0.0		

ポートフォリオ iii

	リターン	リスク	組入比率
ファンドＤ	5 %	40%	60%
ファンドＥ	8 %	60%	40%
両者の相関係数	▲0.8		

ポートフォリオ iv

	リターン	リスク	組入比率
ファンドＤ	5 %	40%	40%
ファンドＦ	8 %	60%	60%
両者の相関係数	1.0		

《問１》ポートフォリオ i から iv のなかで最もリスク（収益率の標準偏差）が小さくなるポートフォリオの①リスク（収益率の標準偏差）と②リターン（収益率の平均値）を計算したものの組合せとして、次のうち最も適切なものはどれか。なお、計算結果は表示単位の小数点以下第２位を四捨五入すること。

1) ①15.6%　②2.4%
2) ①17.0%　②2.6%
3) ①15.2%　②6.2%
4) ①52.0%　②6.2%

《問２》XがYさんに対して行ったアドバイスとして次のうち、最も適切なものはどれか。

1) ポートフォリオのリターンは、ポートフォリオの組入資産のリターンの相関係数に応じて決定されるので、実際にはポートフォリオの組入資産のリターンの加重平均未満になります。

2) ポートフォリオのリスクは、ポートフォリオの組入資産のリスクの大きさに応じて決定されるので、ポートフォリオのリスクを相対的に小さくするためには、高リスクの資産をポートフォリオにいっさい組み入れないようにする必要があります。

3) ポートフォリオのリスクは、ポートフォリオの組入資産のリターンの相関係数にも影響を受けます。２資産のリターンの相関係数が▲１の場合には、理論上、組入比率を調整することでそれら２資産からなるポートフォリオのリスクをゼロにすることができます。

4) 相関係数がゼロの場合はポートフォリオ効果が生じないため、ポートフォリオのリスクを相対的に小さくするためには、相関係数がマイナス値となる資産を組み入れるべきです。

・解説と解答・

《問１》

　資産A、Bからなるポートフォリオのリスクは、次の算式により求める。

> （リスク）^{2} ＝（資産Aの組入比率×資産Aのリスク）^{2}
> 　　　　＋（資産Bの組入比率×資産Bのリスク）^{2}
> 　　　　＋2×A・Bの相関係数×（資産Aの組入比率×資産Aのリスク）×（資産Bの組入比率×資産Bのリスク）

ポートフォリオ i 〜iv のリスクは、

ポートフォリオ i の（リスク）^{2} ＝（0.4×20％）^{2}
　　　　　　　　　　　＋（0.6×30％）^{2}
　　　　　　　　　　　＋2×（▲0.5）×（0.4×20％）×（0.6×30％）
　　　　　　　　　　　＝244.0（％）^{2}
　∴ポートフォリオ i のリスク＝$\sqrt{244.0（％）^2}$＝15.62…％≒15.6％

ポートフォリオ ii の（リスク）^{2} ＝（0.6×20％）^{2}
　　　　　　　　　　　＋（0.4×30％）^{2}
　　　　　　　　　　　＋2×（0.0）×（0.6×20％）×（0.4×30％）
　　　　　　　　　　　＝288.0（％）^{2}
　∴ポートフォリオ ii のリスク＝$\sqrt{288.0（％）^2}$＝16.97…％≒17.0％

ポートフォリオ iii の（リスク）^{2} ＝（0.6×40％）^{2}
　　　　　　　　　　　＋（0.4×60％）^{2}
　　　　　　　　　　　＋2×（▲0.8）×（0.6×40％）×（0.4×60％）
　　　　　　　　　　　＝230.4（％）^{2}
　∴ポートフォリオ iii のリスク＝$\sqrt{230.4（％）^2}$＝15.17…％≒15.2％…①

ポートフォリオ iv の（リスク）^{2} ＝（0.4×40％）^{2}
　　　　　　　　　　　＋（0.6×60％）^{2}
　　　　　　　　　　　＋2×（1.0）×（0.4×40％）×（0.6×60％）
　　　　　　　　　　　＝2,704.0（％）^{2}
　∴ポートフォリオ iv のリスク＝$\sqrt{2,704.0（％）^2}$＝52.0％

上記より、最もリスクが低いのはポートフォリオ iii である。

また、ポートフォリオのリターンは、組入資産のリターンの加重平均になるので、

　ポートフォリオ iii のリターン＝5％×0.6＋8％×0.4＝6.2％…②

正解　3）

参考までに、ポートフォリオⅰ、ⅱ、ⅳのリターンは下記のとおり。

ポートフォリオⅰのリターン＝ 2 ％×0.4＋ 3 ％×0.6＝2.6%

ポートフォリオⅱのリターン＝ 2 ％×0.6＋ 3 ％×0.4＝2.4%

ポートフォリオⅳのリターン＝ 5 ％×0.4＋ 8 ％×0.6＝6.8%

	リターン	リスク
ポートフォリオⅰ	2.6%	15.6%
ポートフォリオⅱ	2.4%	17.0%
ポートフォリオⅲ	6.2%	15.2%
ポートフォリオⅳ	6.8%	52.0%

《問 2 》

1 ）不適切である。ポートフォリオのリターンは、ポートフォリオの組入資産のリターンの相関係数とは無関係に、ポートフォリオの各組入資産のリターンの加重平均と一致する。

2 ）不適切である。ポートフォリオのリスクは、組入資産のリスクの大きさだけではなく、組入資産のリターンの相関関係や組入比率にも影響を受ける。高リスクの資産を組み入れたとしても、組入資産間の相関係数が▲ 1 に近いほど大きなリスク低減効果が得られ、組入比率を調整することでより大きなリスク低減効果が得られる可能性がある。

3 ）適切である。 2 資産からなるポートフォリオのリスクは、 2 資産のリターンの相関係数が＋ 1 の場合は 2 資産のリスクの加重平均となるが、それ以外の場合は分散投資によるリスク低減効果により、 2 資産のリスクの加重平均未満となる。特に、 2 資産の相関係数が▲ 1 の場合、資産A、Bの組入比率をw_A、w_Bとし、資産A、Bのリスクをσ_A、σ_Bとすると、$w_A : w_B = \sigma_B : \sigma_A$となるようなポートフォリオのリスクはゼロとなる。

4 ）不適切である。相関係数がゼロの場合でも、ポートフォリオ効果は発生する。また、相関係数がマイナスの資産を組み入れたとしても、そのリスクが大きい場合、組入比率によっては、ポートフォリオのリスクは必ずしも低下するとは限らない。

正解　3 ）

4 −11　資本資産評価モデル（CAPM）と配当割引モデルの応用

《問》次の設例に基づき、各問に答えなさい。

〈設　例〉

　　登録金融機関として金融商品取引業務を行う金融機関の営業担当者Ⅹは、投資を始めたばかりの個人顧客Ｙさん（65歳）から、余裕資金を利用した上場株式への投資の相談を受けた。Ｙさんは、「今後の高成長は期待できないが事業規模の大きいＡ社と、現在はまだ事業規模は小さいものの高い成長が見込めるＢ社、どちらの株式を買えばよいか」とⅩに相談を持ち掛けた。ⅩはＹさんに対して、「株価がどう変動するか断言することはできませんが、両社の理論株価を算定することで、銘柄選定の参考になると思います」と回答した。なお、設例および各問に記載のない事項については考慮しないこととする。

〈Ａ社株式とＢ社株式に関するデータ〉

	Ａ社株式	Ｂ社株式
β　値	0.9	1.5
売　　上	1兆6,000億円	3,200億円
当期純利益	1,600億円	320億円
発行済株式総数	2億株	0.5億株
来期の予想配当額（1株当たり）	年400円	年50円
予想配当成長率（期待成長率）	0％	14％

《問1》配当割引モデルによるＡ社とＢ社の現在の理論株価（1株当たり）の組合せとして、次のうち最も適切なものはどれか。なお、Ａ社株式およびＢ社株式の配当成長率は将来にわたって一定であり、期待収益率は資本資産評価モデル（CAPM）により算出することとし、市場の期待収益率は11％、無リスク資産利子率は1％とする。また、計算結果は円未満を四捨五入すること。

1 ）①Ａ社：4,000円　②Ｂ社：2,500円
2 ）①Ａ社：4,000円　②Ｂ社：3,500円
3 ）①Ａ社：6,500円　②Ｂ社：2,500円

4）①A社：6,500円　②B社：3,500円

《問2》《問1》で計算したA社株式とB社株式の理論株価等に基づき、
　　　　XがYさんに対して行ったアドバイスに関する記述として次のう
　　　　ち、適切なものをすべて選びなさい。なお、A社株式とB社株式
　　　　の期待収益率、配当成長率、ROEおよび配当性向は将来にわたっ
　　　　て一定であるものとし、当期純利益の成長率はサスティナブル成
　　　　長率に従うものとする。
1）配当割引モデルによると、現在の理論株価はA社株式のほうが高い
　　のですが、このまま今の配当成長率を維持すると、将来的にはB社
　　株式のほうが理論株価は高くなるでしょう。
2）定率成長モデルは、永遠に一定の利率で配当の成長が持続すること
　　を前提としており、配当成長率が上昇すると理論株価も上昇しま
　　す。一方で、配当成長率が低下した場合であっても、配当成長率が
　　プラス値を維持する限り、理論株価が低下することはありません。
3）仮にA社株式およびB社株式を現在の理論株価で購入し、1年後の
　　株価が1年後の理論株価であるとした場合、1年後の受取配当金
　　（インカム・ゲイン）と株価の値上がり益（キャピタル・ゲイン）
　　の合計額から投資収益率を計算すると、理論上はB社株式のほうが
　　有利であると言えます。
4）配当割引モデルによれば、A社株式の理論株価は、今後上昇しない
　　と言えます。

・解説と解答・

《問1》
・資本資産評価モデル（CAPM）により期待収益率を算出する。
　CAPMによる期待収益率＝無リスク資産利子率
　　　　　　　　　　　　　　＋β×（市場の期待収益率－無リスク資産利子率）
　　A社株式の期待収益率＝1％＋0.9×（11％－1％）
　　　　　　　　　　　　＝10％
　　B社株式の期待収益率＝1％＋1.5×（11％－1％）
　　　　　　　　　　　　＝16％

・期待収益率を配当割引モデル（定率成長モデル）の割引率として代入し、理論株価を算出する。なお、「配当成長率は将来にわたって一定である」との仮定から、定率成長モデルを採用する。

$$理論株価（定率成長モデル）= \frac{予想配当（円）}{期待収益率（\%）- 配当成長率（\%）}$$

$$A社株式の現在の理論株価 = \frac{予想配当400円}{期待収益率10\% - 配当成長率0\%} = 4,000円 \cdots ①$$

$$B社株式の現在の理論株価 = \frac{予想配当50円}{期待収益率16\% - 配当成長率14\%} = 2,500円 \cdots ②$$

正解　1）

《問2》

1）適切である。配当割引モデル（定率成長モデル）によると、次のとおり配当成長率と同じ割合で理論株価も上昇する。

$$X0年の理論株価 = \frac{X1年の予想配当}{期待収益率 - 配当成長率}$$

$$X1年の理論株価 = \frac{X2年の予想配当}{期待収益率 - 配当成長率}$$

定率成長モデルでは「配当成長率が一定」と仮定しているので、

$$X2年の予想配当 = X1年の予想配当 \times（1 + 配当成長率）$$

$$\begin{aligned}
X1年の理論株価 &= \frac{X2年の予想配当}{期待収益率 - 配当成長率} \\
&= \frac{X1年の予想配当 \times（1 + 配当成長率）}{期待収益率 - 配当成長率} \\
&= \frac{X1年の予想配当}{期待収益率 - 配当成長率} \times（1 + 配当成長率） \\
&= X0年の理論株価 \times（1 + 配当成長率）
\end{aligned}$$

∴X1年の理論株価 = X0年の理論株価 ×（1 + 配当成長率）

よって上記より、定率成長モデルにおいては理論株価の成長率＝配当成長率が成立すると言える。したがって、配当成長率が0％であるA社の理論株価は一定だが、配当成長率が14％のB社は毎年14％ずつ理論株価が上昇するので、将来的にはB社株式の理論株価のほうが高くなると言える。

2）不適切である。

配当成長率（期待成長率）が14％の場合の理論株価は、

$$B社株式の理論株価 = \frac{予想配当50円}{期待収益率16\% - 配当成長率14\%} = 2,500円$$

仮に、経営上の課題が公表されて配当成長率が6％に低下すると予想された場合の理論株価は、

$$B社株式の理論株価 = \frac{予想配当50円}{期待収益率16\% - 配当成長率6\%} = 500円$$

となり、2,500円から急落することになる。このように、配当成長率が6％に低下した場合、配当は増加し続けているものの、理論株価は急落することになる。

3) 適切である。B社の予想配当が、1年後には50円から14％増加して57円になっていることに注意して1年後の理論株価を計算すると、

$$A社株式の1年後の理論株価 = \frac{予想配当400円}{期待収益率10\% - 配当成長率0\%} = 4,000円$$

$$B社株式の1年後の理論株価 = \frac{予想配当57円}{期待収益率16\% - 配当成長率14\%} = 2,850円$$

以上のことから、A社株式およびB社株式を1株購入した場合、1年後の受取配当金（インカム・ゲイン）と株価の値上がり益（キャピタル・ゲイン）の合計は、次のようになる。

	現在の理論株価	1年後の理論株価	理論上の値上がり益	1年後の受取配当金	合計	投資収益率
A社株式	4,000円	4,000円	0円	400円	400円	10%
B社株式	2,500円	2,850円	350円	50円	400円	16%

したがって、理論株価に基づき計算した投資収益率によると、B社株式のほうが有利であると言える。なお、理論株価に基づき投資収益率を算出すると、CAPMにより算出した期待収益率と一致する。

4) 適切である。配当割引モデルによれば、理論株価は配当成長率と同じだけ上昇することとなる（肢1）の解説を参照）。A社株式のように配当成長率が0％（定額配当モデル）の場合、理論株価は将来にわたって一定となる。

正解　1）、3）、4）

4−12 パフォーマンス評価（投資収益率）

《問》次の設例に基づき、各問に答えなさい。

―――――〈設 例〉―――――

　登録金融機関として金融商品取引業務を行う金融機関の営業担当者Ｘは、個人顧客Ｙさんの資産運用状況の分析を行おうとしている。Ｙさんは、20X1年4月1日にファンドＡを40万円、ファンドＢを60万円購入した。1年後の20X2年3月31日にファンドＢを15万円売却して、その売却代金でファンドＡを追加購入した。ファンドＡとファンドＢの運用状況は下表のとおりである。なお、設例および各問に記載のない事項については考慮しないこととする。

〈ファンドＡとファンドＢの資産運用残高〉　　　　　　（単位：万円）

	20X1年 4月1日	20X2年 3月31日	一部売却・ 追加購入	20X2年 4月1日	20X3年 3月31日
ファンドＡ	40	48	15	63	56.7
ファンドＢ	60	69	▲15	54	59.4

《問1》〈ファンドＡとファンドＢの資産運用残高〉に基づき計算した、ファンドＡの購入時から20X3年3月31日までの①時間加重収益率、②金額加重収益率の組合せとして、次のうち最も適切なものはどれか。なお、計算結果は表示単位の小数点以下第3位を四捨五入すること。また、計算過程において必要な場合には、下記の2次方程式の解の公式を用いること。

$$2次方程式 \ ax^2 + bx + c = 0 \ の解の公式： x = \frac{-b \pm \sqrt{b^2 - 4ac}}{2a}$$

1）①3.92%　②1.78%

2）①3.92%　②12.47%

3）①5.00%　②1.78%

4）①5.00%　②12.47%

《問2》20X3年 3 月31日現在の資産運用状況の分析に関する次の記述の
　　　　うち、最も不適切なものはどれか。なお、各選択肢の数値は表示単
　　　　位の小数点以下第 3 位を四捨五入している。
 1 ）ファンドBの時間加重収益率は、12.47％である。
 2 ）20X2年 3 月31日にファンドBの一部売却およびファンドAの追加
　　　購入を行わなかった場合、20X3年 3 月31日現在の資産運用残高の
　　　合計は119.1万円であった。したがって、一部売却・追加購入を行っ
　　　たことにより、 3 万円の損失が生じたといえる。
 3 ）20X2年 3 月31日にファンドBの一部売却およびファンドAの追加
　　　購入を行わなかった場合、ファンドAの金額加重収益率は、3.92％
　　　である。
 4 ）20X2年 3 月31日にファンドBの一部売却およびファンドAの追加
　　　購入を行わなかった場合、ファンドBの金額加重収益率は、8.45％
　　　である。

・解説と解答・

《問1》

①時間加重収益率

	1 年目の収益率	2 年目の収益率	2 年間の時間加重収益率
ファンドA	$\dfrac{48}{40} - 1 = 20\%$	$\dfrac{56.7}{63} - 1 = \blacktriangle 10\%$	$\sqrt{\left(\dfrac{48}{40}\right) \times \left(\dfrac{56.7}{63}\right)} - 1$ $= 3.923\cdots\% \fallingdotseq 3.92\% \cdots①$

②金額加重収益率

ファンドA	$40 = \dfrac{\blacktriangle 15}{1 + r} + \dfrac{56.7}{(1 + r)^2}$　　∴ r = 1.78％…② 注）追加購入15万円は資金の流出なのでマイナス。

　一般的な解法は 1 + r （金額加重収益率＝ r ）＝ X とおいて、

$$40 = \frac{\blacktriangle 15}{X} + \frac{56.7}{X^2}$$

$$40X^2 + 15X - 56.7 = 0$$

　これを 2 次方程式$ax^2 + bx + c = 0$の解の公式 $x = \dfrac{-b \pm \sqrt{b^2 - 4ac}}{2a}$ にあて
はめて計算する。

$$X = \frac{\blacktriangle 15 \pm \sqrt{15^2 - 4 \times 40 \times (\blacktriangle 56.7)}}{2 \times 40} = \frac{\blacktriangle 15 \pm \sqrt{9,297}}{80} = \frac{\blacktriangle 15 \pm 96.42\cdots}{80}$$

2つの解のうち、もっともらしいのは$\dfrac{\blacktriangle 15 + 96.42\cdots}{80}$であるから、

$$X = \frac{\blacktriangle 15 + 96.42\cdots}{80} = 1.01776\cdots$$

$$1 + r = 1.01776\cdots$$

$$\therefore r = 1.776\cdots\% \fallingdotseq 1.78\%$$

<u>正解　1）</u>

《問2》

1）適切である。ファンドBの時間加重収益率は、次のとおり。

	1年目の収益率	2年目の収益率	2年間の時間加重収益率
ファンドB	$\dfrac{69}{60} - 1 = 15\%$	$\dfrac{59.4}{54} - 1 = 10\%$	$\sqrt{\left(\dfrac{69}{60}\right) \times \left(\dfrac{59.4}{54}\right)} - 1$ $= 12.472\cdots\% \fallingdotseq 12.47\%$

2）適切である。20X2年3月31日にファンドBの一部売却およびファンドAの追加購入を行わなかった場合、20X3年3月31日現在の資産運用残高の合計は119.1万円であった。したがって、一部売却および追加購入を行ったことにより、3万円の損失（116.1万円－119.1万円）が生じたといえる。

（単位：万円）

	20X1年 4月1日	20X2年 3月31日	収益率	一部売却・ 追加購入	20X2年 4月1日	20X3年 3月31日	収益率
ファンドA	40.0	48.0	＋20%	15.0	63.0	56.7	▲10%
ファンドB	60.0	69.0	＋15%	▲15.0	54.0	59.4	＋10%
合計	100.0	117.0	－	－	117.0	116.1	－

20X2年3月31日にファンドBの一部売却およびファンドAの追加購入を行わなかった場合

（単位：万円）

	20X1年 4月1日	収益率	20X2年 3月31日	収益率	20X3年 3月31日
ファンドA	40.0	＋20%	48.0	▲10%	43.2
ファンドB	60.0	＋15%	69.0	＋10%	75.9
合計	100.0	－	117.0	－	119.1

3）適切である。時間加重収益率は、一部売却や追加購入の影響を排除して算出するため、設例におけるファンドAの時間加重収益率3.92％と一致する。また、20X2年3月31日にファンドBの一部売却およびファンドAの

　　追加購入を行わなかった場合、資金の出入が生じないため、時間加重収益
　　率と金額加重収益率は一致し、ファンドAの金額加重収益率は3.92％とな
　　る。
4）不適切である。20X2年3月31日にファンドBの一部売却およびファンド
　　Aの追加購入を行わなかった場合、資金の出入が生じないため、時間加重
　　収益率と金額加重収益率は一致する。したがって、ファンドBの金額加重
　　収益率は、1）におけるファンドBの時間加重収益率12.47％と一致する
　　（計算過程は《問1》の解説を参照）こととなる。

正解　4）

《参考》電卓で計算できない場合

　　電卓にルート機能がない場合、選択肢の数値を計算式に代入して正解
を検証することができる。例えば、《問1》①時間加重収益率を求める
場合、時間加重収益率＝rとおき、選択肢の数値を代入すると、下記の
とおり3.92％が正解であることがわかる。

$$\left(\frac{48}{40}\right) \times \left(\frac{56.7}{63}\right) = (1 + r)^2$$

$$左辺 = \left(\frac{48}{40}\right) \times \left(\frac{56.7}{63}\right) = 1.2 \times 0.9 = 1.08$$

$$右辺 = (1 + r)^2 = (1 + 3.92\%)^2 = 1.079\cdots \fallingdotseq 1.08$$

$$右辺 = (1 + r)^2 = (1 + 5.00\%)^2 = 1.1025$$

4-13 パフォーマンス評価（リスク調整後測度）／投資管理の手法

《問》次の設例に基づき、各問に答えなさい。

─〈設 例〉─

　　登録金融機関として金融商品取引業務を行う金融機関の営業担当者Ｘは、投資経験のある個人顧客Ｙさん（40歳）から、余裕資金を利用した投資信託による資産運用の相談を受けた。Ｙさんは、長期的な運用資産の配分比率（ポリシー・アセット・アロケーション）として、株式40％、安全資産60％を目安として考えており、国内株式ファンドＡおよび国内株式ファンドＢに興味を持っている。

　　ＸはＹさんに対し、各ファンドについてアドバイスを行おうとしている。なお、設例および各問に記載のない事項については考慮しないこととする。

〈過去１年間の運用実績に関する資料〉

	国内株式 ファンドＡ	国内株式 ファンドＢ	TOPIX	短期金融資産
事後収益率の平均値 （リターン）	5％	7％	5％	1％
事後収益率の標準偏差 （総リスク）	15％	25％	20％	―
β（ベータ）	0.8	1.1	1.0	―
ベンチマークとの 事後収益率の差の平均値 （アクティブ・リターン）	0％	2％	0％	―
ベンチマークとの 事後収益率の差の標準偏差 （アクティブ・リスク）	4％	10％	0％	―

※ファンドＡとファンドＢのベンチマークは、TOPIXとする。

《問1》〈過去1年間の運用実績に関する資料〉に基づき計算した、ファンドAの①シャープの測度、②トレーナーの測度、③ジェンセンのα、④インフォメーション・レシオの組合せとして、次のうち最も適切なものはどれか。なお、無リスク資産利子率は、短期金融資産の事後収益率の平均値（リターン）を用いること。また、計算結果は表示単位の小数点以下第3位を四捨五入すること。

1）①0.27　②5.00%　③＋0.80%　④0.00
2）①0.27　②5.00%　③▲0.80%　④1.25
3）①0.40　②7.50%　③＋0.80%　④0.00
4）①0.40　②7.50%　③▲0.80%　④1.25

《問2》ファンドAおよびファンドBのリスク調整後測度に基づき、XがYさんに対して行ったアドバイスとして次の記述のうち、最も不適切なものはどれか。

1）シャープの測度は、投資信託のレーティング等で用いられる一般的なリスク調整後測度です。シャープの測度で比較すると、過去1年間の実績では、ファンドBよりもファンドAのほうがパフォーマンスが良好であったと言えます。

2）トレーナーの測度は、銘柄固有リスクであるアンシステマティック・リスクを排除して評価するため、ファンドAとファンドBの比較には、シャープの測度を用いるほうが望ましいでしょう。

3）ジェンセンのαは、総リスク（システマティック・リスクとアンシステマティック・リスクの合計）に基づくリスク調整後測度です。ジェンセンのαで比較すると、ファンドAよりもファンドBのほうがパフォーマンスが良好であったと言えます。

4）インフォメーション・レシオは、ベンチマークとの差に着目したリスク調整後測度です。インフォメーション・レシオで比較すると、ファンドAよりもファンドBのほうがパフォーマンスが良好であったと言えます。

《問3》 投資方針の設定や投資管理の方法について、XがYさんに対して
　　　　行うアドバイスとして、次の記述のうち適切なものをすべて選び
　　　　なさい。

1）一般に、ポリシー・アセット・アロケーションを設定することは、
　　長期的なリスクとリターンを決定する大きな要因であり、どのファ
　　ンドを選択するべきか（銘柄選択要因）よりも重要であるとされて
　　います。

2）ポリシー・アセット・アロケーションを設定する際は、まずYさん
　　の運用目的と運用期間を明確にしましょう。例えば、老後の生活資
　　金のために運用をするのであれば、運用期間は比較的長期間になり
　　ます。次に、Yさんのリスク許容度と目標リターンを検討します。
　　どちらを基準にするかによって、ポリシー・アセット・アロケー
　　ションの設定方法は異なります。仮にリスク許容度を基準にする場
　　合は、Yさんのリスク許容度の範囲内で、リターンを最大化するア
　　ロケーションを設定することになります。

3）株式市場の上昇局面においてリバランスを行うことは、更なる株式
　　市場の上昇により得られたはずの利益が減少することになります
　　が、その後株式市場が下降局面に転じたときの損失を軽減する効果
　　が見込めます。

4）株式市場の下降局面においてリバランスを行うことは、更なる株式
　　市場の下降により損失が拡大することになりますが、その後株式市
　　場が上昇局面に転じたときの利益を増やす効果が見込めます。

● 解説と解答 ●

《問1》

ファンドA

・シャープの測度 $= \dfrac{\text{リターン} - \text{無リスク資産利子率}}{\text{総リスク}} = \dfrac{5\% - 1\%}{15\%}$

$$= 0.266\cdots \fallingdotseq 0.27\cdots ①$$

・トレーナーの測度 $= \dfrac{\text{リターン} - \text{無リスク資産利子率}}{\beta（\text{ベータ}）} = \dfrac{5\% - 1\%}{0.8}$

$$=5.00\% \cdots ②$$

・CAPMによる期待収益率
　＝β×（市場ポートフォリオ（TOPIX）の期待収益率－無リスク資産利子率）＋無リスク資産利子率
　＝0.8×（5％－1％）＋1％＝4.2%

・ジェンセンの α ＝実際の収益率－CAPMによる期待収益率
　　　　　　　＝5％－4.2％＝＋0.80％…③

・インフォメーション・レシオ＝$\dfrac{\text{アクティブ・リターン}}{\text{アクティブ・リスク}}$

$$=\frac{0\%}{4\%}=0.00\cdots④$$

正解　1）

《問2》

	ファンドA	ファンドB
シャープの測度	0.27	0.24
トレーナーの測度	5.00%	5.45%
ジェンセンの α	＋0.80%	＋1.60%
インフォメーション・レシオ	0.00	0.20

1）適切である。シャープの測度は、その数値が大きいほどリスク（標準偏差）1単位当たりのリターンが高く、パフォーマンスが良好であったと評価する。

2）適切である。トレーナーの測度は、シャープの測度と同様にパフォーマンス評価尺度の1つであり、単位リスク当たりの超過収益率を表す。リスク尺度である分母に、CAPMの β（ベータ）を用いている。CAPMの β は、総リスクのうちシステマティック・リスク（市場リスク）の大きさだけを示し、アンシステマティック・リスク（銘柄固有リスク）を反映しないため、リスクを過小評価することとなり望ましくない。

　　したがって、パフォーマンス評価には、原則としてリスク尺度に総リスク（標準偏差）を用いているシャープの測度を用いることが望ましい。

3）不適切である。ジェンセンの α は、CAPMによる期待収益率をポートフォリオの実績がどれだけ上回っているかを測定したものである。CAPMの

160

βは、総リスクのうちシステマティック・リスクの大きさだけを示し、ア
ンシステマティック・リスクは反映しないため、ジェンセンのαは総リス
ク（システマティック・リスクとアンシステマティック・リスクの合計）
に基づくリスク調整後測度ではない。

　なお、ジェンセンのαは、その数値が大きいほど理論値を大きく上回
り、パフォーマンスが良好であったことを示している。
4）適切である。インフォメーション・レシオは、ベンチマークを安定して上
回ることができていれば、パフォーマンスが良好であったことを示してい
る。

正解　3）

《問3》
1）適切である。株式市場と債券市場では圧倒的に大きな利回り格差がある
（リターンに応じたリスクにも格差がある）ため、ポリシー・アセット・
アロケーションをどのように設定するかにより、長期的なリスクとリター
ンに大きな影響を与えるといえる。
2）適切である。ポリシー・アセット・アロケーションを設定する際は、まず
投資家の運用目的と運用期間を明確にする。次に、運用目的と運用期間を
踏まえながら、リスク許容度と目標リターンを検討する。リスク許容度と
目標リターンのどちらを基準にするかにより、ポリシー・アセット・アロ
ケーションの設定方法が異なる。

　リスク許容度を基準にする場合は、リスク許容度の範囲内で、リターン
を最大化するアロケーションを設定することとなる。一方、目標リターン
を基準にする場合は、目標リターンに到達できる資産の組合せのなかで、
リスクを最小化するアロケーションを設定することとなる。
3）適切である。このように、一定期間経過後に当初の資産配分比率に戻そう
とする手法をリバランスという。リバランスが優位性を示すのは、株価が
上下の変動を繰り返すような相場のときである。一方で、株価が上昇を続
けている局面や、下落し続けている局面では、購入したらそのまま保有し
続けるBuy&Holdが優位性を示す。
4）適切である。肢3）の解説を参照。

正解　1）、2）、3）、4）

4-14 アセット・アロケーションと収益率の要因分析

《問》次の設例に基づき、各問に答えなさい。

――――――――〈設 例〉――――――――

　A企業年金基金は、「株式40%、債券60%」というポリシー・アセット・アロケーション（各資産について±10%の乖離を許容）を設定している。A企業年金基金から期初に運用を受託した資産運用会社Bは、株式45%、債券55%の資産配分で運用を開始したが、期中に資産配分が許容範囲を超えて変動することはなく、1年間リバランスを行わずに運用した。

〈1年後のファンド運用実績等〉

	株式		債券		全体の利回り
	アロケーション	利回り	アロケーション	利回り	
A企業年金ファンド	45%	24.0%	55%	2.6%	□□□%
ベンチマーク	40%	25.0%	60%	3.0%	□□□%
			利回りの差（ベンチマーク比較）		（ ① ）

《問1》〈1年後のファンド運用実績等〉の空欄①にあてはまる数値として、次のうち最も適切なものはどれか。

1) ▲1.40%
2) ▲0.43%
3) ＋0.43%
4) ＋1.40%

《問2》〈1年後のファンド運用実績等〉に基づき、ベンチマークとの比較によるA企業年金ファンドの収益率の要因分析を行った次の表の空欄①～③にあてはまる数値の組合せとして、次のうち最も適切なものはどれか。

	株式市場部分	債券市場部分	全体
銘柄選択要因	□□□%	▲0.24%	（ ① ）
アロケーション要因	□□□%	▲0.15%	（ ② ）
複合要因	▲0.05%	＋0.02%	▲0.03%
合計	□□□%	▲0.37%	（ ③ ）

1） ①▲0.64%　②▲1.10%　③▲0.78%
2） ①▲0.64%　②＋1.10%　③＋0.43%
3） ①＋0.24%　②▲1.10%　③▲0.89%
4） ①▲0.94%　②＋1.40%　③＋0.43%

《問3》《問1》《問2》の結果を踏まえて、A企業年金基金が資産運用会社Bに対して行った評価として、適切なものをすべて選びなさい。

1）1年間運用した結果ベンチマークを上回ることができたのは、ベンチマークよりも株式の割合を多くした資産運用会社Bの判断が功を奏したからと評価することができます。

2）株式市場部分の運用成績が好調だったのは、資産運用会社Bの企業分析能力が高かったからであると評価することができます。

3）株式市場へのアロケーションを70%にしていれば、さらに運用成績を向上させることができたはずですが、株式市場へのアロケーションを45%にとどめたのは資産運用会社Bの消極さが原因と評価することができます。

● 解説と解答 ●

《問 1 》

〈 1 年後のファンド運用実績等〉

	株式		債券		全体の利回り
	アロケーション	利回り	アロケーション	利回り	
A 企業年金ファンド	45%	24.0%	55%	2.6%	12.23%
ベンチマーク	40%	25.0%	60%	3.0%	11.80%
			利回りの差（ベンチマーク比較）		+0.43%

A 企業年金ファンドの利回り＝24.0%×0.45＋2.6%×0.55＝10.80%＋1.43%＝12.23%

ベンチマークの利回り　　　＝25.0%×0.40＋3.0%×0.60＝10.00%＋1.80%＝11.80%

∴利回りの差（ベンチマーク比較）＝12.23%－11.80%＝＋0.43%…①

<u>正解　3)</u>

《問 2 》

〈株式市場部分〉

銘柄選択要因　　　：　40%　　　×（24.0%－25.0%）　＝▲0.40%

アロケーション要因　：　（45%－40%）×25.0%　　　　＝＋1.25%

複合要因　　　　　：　（45%－40%）×（24.0%－25.0%）＝▲0.05%

合計：＋0.80%

株式市場部分の運用結果の各要因を図示すると、下記のとおり。

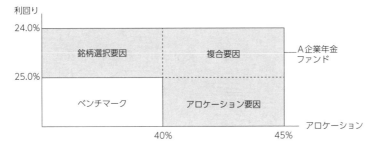

※内側に「ベンチマーク」、外側に「A 企業年金ファンド」を図示した関係
　上、利回りの大小関係が逆転していることに注意。

〈債券市場部分〉

銘柄選択要因	：	60%	×（2.6％ − 3.0％）	＝ ▲0.24％
アロケーション要因	：	（55％ − 60％）×3.0％		＝ ▲0.15％
複合要因	：	（55％ − 60％）×（2.6％ − 3.0％）		＝ ＋0.02％

合計：▲0.37％

債券市場部分の運用結果の各要因を図示すると、下記のとおり。

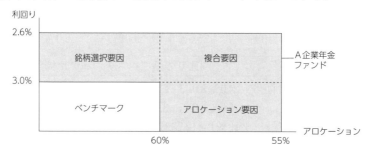

※内側に「ベンチマーク」、外側に「A企業年金ファンド」を図示した関係
　上、利回りおよびアロケーションの大小関係が逆転していることに注意。

したがって、全体の要因分析は次のとおり。

	株式市場部分	債券市場部分	全体
銘柄選択要因	▲0.40％	▲0.24％	（①▲0.64％）
アロケーション要因	＋1.25％	▲0.15％	（②＋1.10％）
複合要因	▲0.05％	＋0.02％	▲0.03％
合計	＋0.80％	▲0.37％	（③＋0.43％）

正解　2）

《問3》

1）適切である。《問2》の収益率の要因分析の結果より、株式市場部分のア
　ロケーション要因が与えたプラスの影響が、ファンド全体の収益率に貢献
　したといえる。

2）不適切である。《問2》の収益率の要因分析の結果より、株式市場部分の
　銘柄選択要因はマイナスであり、資産運用会社Bの企業分析能力が高かっ
　たとはいえない。企業分析能力が高ければ、株式市場部分の銘柄選択要因
　はプラスになったはずである。

3）不適切である。〈設例〉の前提条件として「「株式40％、債券60％」という
　ポリシー・アセット・アロケーション（各資産について±10％の乖離を許
　容）を設定」とあるので、資産運用会社 B は株式市場のアロケーションを
　最大でも50％にしか設定することができない。したがって、資産運用会社
　B の消極さが原因と評価することはできない。

正解　1）

2024年度版
金融業務2級　ポートフォリオ・コンサルティングコース試験問題集

2024年6月6日　第1刷発行

編　者　一般社団法人金融財政事情研究会
　　　　検定センター
　　発行者　　　　　　　　　　　加藤　一浩

〒160-8519　東京都新宿区南元町19

発　行　所　一般社団法人　金融財政事情研究会
販　売　受　付　TEL 03(3358)2891　FAX 03(3358)0037
　　　　　　　URL https://www.kinzai.jp

本書の内容に関するお問合せは、書籍名およびご連絡先を明記のうえ、FAXで
お願いいたします。　　　　　　　お問合せ先　FAX 03(3359)3343
本書に訂正等がある場合には、下記ウェブサイトに掲載いたします。
https://www.kinzai.jp/seigo/

ISBN978-4-322-14533-5